CERTIFIED ADMINISTRATIVE PROCEDURES LEGAL SPECIALIST

行政書士合格者のための

ウェブマーケティング実践講座

遠田　誠貴（著）　竹内　豊（監修）

税務経理協会

はじめに

本書を手に取っていただきましてありがとうございます。今この本を読まれているあなたは、行政書士試験に合格して、行政書士として開業することを考えているのでしょうか？

または、すでに開業しているが、仕事の取り方がわからなくて苦戦しているのでしょうか？

それとも、まだ資格は持っていないが行政書士という仕事に興味があり、どうやって稼いでいるのかを知りたいと思っているのでしょうか？

いずれにせよ、何らかの理由で行政書士の仕事に興味を持っていて、営業方法や仕事の進め方などを学びたいと思っているのではないでしょうか。

本書では、そんなあなたのために、現役の行政書士である私が具体的なウェブマーケティングのノウハウを伝授します。

ウェブ広告を活用する集客方法は手軽で効果的なのですが、積極的に使っている行政書士はまだそれほど多くありません。これから始める人でも、新たに仕事を取れる余地は十分に残されています。

私は、2017年に行政書士として独立開業して以来、一貫してウェブで集客を行ってきました。お金も人脈も実務経験もなかった私が、現在まで行政書士として稼ぐことができている理由は、正しいウェブマーケティングの知識を身につけた上で、それを実践して継続的に仕事を取ることができているからです。

私自身も、開業する前には本書のような「行政書士開業本」をたくさん読みました。もちろんためになる内容もありましたが、こちらが一番知りたいと思っている「どうやって仕事を取れば良いのか」ということについては、はっきりと説明されていないものがほとんどでした。

多くの本では「仕事をやり続けていれば、お客様との関係性ができて、仕事をどんどん増やすことができる」などと書かれています。

たしかに間違ってはいないのかもしれませんが、それではその最初の仕事はどうやって取れば良いのか、という肝心のことは書かれていませんでした。

行政書士としてお金を稼ぐのは簡単なことではありません。多くの人を雇っているような大規模な行政書士事務所は少なく、求人もほとんどありません。行政書士の資格を取った人は、どこかの事務所で実務経験を積むということができないため、ほとんどの場合は登録してすぐに個人で開業をすることになります。

経営者としての経験がなかったり、マーケティングの知識が不足していたりすると、そのまま仕事が取れずに廃業してしまうことになります。

そうならないためには、正しい戦略を立てることが大事です。本書では、私が本を読んだり人に話を聞いたりして学んだことだけではなく、実務を経験する中で身につけたノウハウがまとめられています。

この本に書かれている内容を生かして行政書士業に取り組めば、あなたもウェブで仕事を取れるようになり、行政書士としてお金を稼げるようになるはずです。

ただし、「誰でも簡単にできる」といった甘い言葉をかけるつもりはありません。行政書士は法律を扱う専門職であり、その仕事には社会的責任が伴います。お金を稼ぐためだからといって、いい加減な仕事をしてはいけません。行政書士業は単なるビジネスではなく、社会貢献の側面もあります。

社会人として、法律家としての自覚を持って、お客様の問題解決に貢献することで報酬を受け取るのだということを忘れないでください。

・本書の特色

本書は、知識ゼロの状態から行政書士の仕事をするために必要な知識がまとめられていま す。具体的な実務の進め方や、法律的な考え方や知識についてはほとんど触れていません が、それ以外の実際に仕事を取るまでのノウハウは一通り網羅されています。

行政書士業やマーケティングに関する知識が全くない人でも理解できるように、ごく基本 的なことから丁寧に説明をしています。

また、私自身の体験を踏まえて、行政書士の仕事やウェブマーケティングを実際にやって みて初めてわかるような、生々しい情報もたくさん盛り込まれています。

特に、ウェブ広告を出すと実際にはどういう問い合わせが来るのか、それにどう対応すれ ば良いのか、といったことに関しては、ほかの本でもほとんど書かれていないような具体的 で密度の濃い情報が盛り込まれていると自負しています。

・本書の構成

本書は7章立てになっています。

1章では、開業前に知っておきたい行政書士業に関する基本的な考え方を解説します。

2章では、行政書士としてお金を稼ぐために最低限必要な経営やマーケティングについての知識をまとめています。

3章では、リアル営業とウェブ営業という2種類の集客方法について説明しています。

4章では、ウェブ営業に必要なホームページの作り方のポイントを解説しています。

5章では、ユーザーの検索キーワードに合わせてウェブ上で広告を表示させるリスティング広告（検索連動型広告）の基本的な仕組みや設定方法をまとめています。

6章では、実際に事務所に問い合わせや相談が来たときにどのようなことに気をつければ良いか、どうすれば無事に受任することができるのか、といったことを解説しています。

7章では、開業を考えている方からよく聞かれるような質問に答えています。

・関連書籍と講座の案内

ちなみに、行政書士試験に合格する前に本書を手にしていて、まずは試験に受かるためのコツが知りたい方は、私の著書である『99日で受かる!行政書士試験最短合格術（増補改訂版）』（税務経理協会）を読んでみてください。

予備校にも通わず、短期間の独学で行政書士試験に合格した私が、実際に行った効率的な勉強法をまとめています。

また、本書の内容についてさらに理解を深めたい方や知りたいことがある方は、竹内豊先生が主催されていて、私が講師を務めている「行政書士マーケティング戦略ゼミ」を受講していただくのもおすすめです。講座に関する詳しい情報はホームページでご確認ください。

２０２４年１月

行政書士　遠田　誠貴

監修のことば

著者の遠田誠貴先生は２０１７年に開業以来、入管業務を専門として順調に事務所を経営されています。２年ほど前、遠田先生からマーケティングについて伺う機会がありました。その内容は、実践に裏打ちされた論理的かつ実行可能なものでした。私は「行政書士の開業を目指す方にとって有益に違いない」と直感し、その場で公開をお願いしたところ快諾して頂けました。そして、できたのが皆さまが手に取っているこの本です。

読後の感想は２つあります。ひとつは「私の考えは正しかった」という嬉しさ。もうひとつは「開業前に読んでおきたかった」という口惜しさです。その理由は３つあります。

理由その１　新人行政書士の「北極星」となる本

開業するとマーケティングに関して様々な情報が入ってきます。その情報にいちいち付き合っていたら、開業当初に私自身が経験してしまったように時間とお金を無駄にして右往左往することになります。

本書には「開業は事前準備が９割」「専門特化すると信頼される」「徹底的に顧客目線」と

いった当たり前のことが当たり前に書かれています。当たり前だからこそ、夜空に瞬く北極星のごとく常に安定した位置を維持し続けています。開業すると判断に迷う場面に何度も直面します。そのような時に、本書を読み返せば誤った方向に進むことを避けることができるはずです。

理由その2　実践的な本

マーケティング関連本のほとんどには「こうすれば儲かる」といった、この世に存在しない「成功の法則」が書かれています。このような言葉を目にすると「夢は寝て見ろ」と思わず言いたくなりますが、本書にはこのようなウソは一切見当たりません。

この本に書かれている内容は、筆者が時間を費やし身銭を切りながら「仮説と検証」を繰り返して得た実践的なものばかりです。ですから、筆者自身もそうであるように、「ひとりで独立・開業」する方が実行可能なものとなっています。

理由その3　「稼ぐ力」が身に付く本

これは本書の最大の特長と言えますが、稼ぐためのウェブマーケティングのノウハウはもちろん、行政書士として稼ぐための「心得」について、「法律の勉強より集客の勉強」といったようにストレートに書かれています。稼ぐためにはノウハウも大事ですが、それを稼働させる心得がより重要になります。本書で習得したノウハウと心得を掛け合わせれば、「売上」として成果が上がる確率が高くなるはずです。

冒頭でも触れましたが、本書には開業20余年の私が「開業前に読んでおきたかった」と悔しがる内容が溢れています。本書を手に取っている皆さまが、行政書士の開業をお考えなら、私のように開業後にほぞを噛むことのないように、ご一読されることをお勧めする次第です。

２０２４年1月

行政書士合格者のためのマンツーマン実務家養成講座　主宰

行政書士　竹内　豊

目次

2章

行政書士として稼ぐための基本戦略

3章

集客方法の種類と特徴

4章

ホームページの作り方

5章 リスティング広告の活用法

6章
問い合わせ・相談・受任のポイント

7章

こんなときどうする？ Q&A

1章

開業前に必要な心構え

準備不足のままで開業するな

行政書士事務所を開業しようと思っているのなら、しっかり準備をしてから始めてください。「とにかくやってみれば何とかなるだろう」などと考えて、ろくに準備もしないまま行政書士業をスタートさせるのはおすすめできません。

なぜなら、開業をすると行政書士会の会費や事務所の家賃などの経費が発生して、自動的にお金が出ていくことになるからです。

開業して仕事が取れないままでその状態を続けていると、手持ちのお金がどんどん減ってきて、焦りを感じるようになります。その段階で集客に力を入れようと考えても、判断を誤りやすくなります。

集客などの準備ができていない状態で開業しても、仕事が取れる可能性は低いため、開業してもしなくても同じだった、ということになりかねません。

開業するのは、すべての準備が整ってからでも遅くありません。焦って始める必要はないのです。準備にもいろいろありますが、最も重要なのは集客の準備です。たとえば、ホームページを作ってウェブ広告を出して仕事を取ろうとしているのであれば、ホームページや広告をあらかじめ作っておく必要があります。

どういうふうに作ればいいのか、ということに関してはある程度の勉強やリサーチもしなければいけません。

ウェブ以外の集客方法を考えている場合でも同じことです。開業する前に準備できることは一通り済ませておくようにしましょう。

集客に関すること以外でも、開業をするために準備しなければいけないことはたくさんあります。オフィスとなる物件を借りたり、備品を購入したり、名刺を作ったり、事務的な書類や資料を用意する必要もあります。

準備が不足している状態で開業をしてしまうと、いざ相談や依頼が来たときに、お客様を満足させるような対応ができずに、仕事を逃してしまうことになります。この機会損失は絶対に避けなければいけません。

すべての準備が整ったと思えたら、そこで初めて開業の手続きを進めましょう。

POINT

開業は事前準備が9割。

法律の勉強をやりすぎない

「開業前には法律の勉強をしっかりしましょう」などと言われることがあります。もちろん、行政書士は法律関係の専門職ですから、法律について学ぶのは大事なことです。

しかし、何事もやりすぎは禁物です。行政書士事務所を開業しようとしているときには、法律の勉強ばかりを続けて深みにはまらないように注意しましょう。

なぜなら、ビジネスとして行政書士業を考えた場合、最も重要なのはお客様を集めて売上をあげることだからです。

どんなに法律知識があっても、仕事を全く取れなければ収入が得られないので、行政書士を続けることができません。集客ができなければ話にならないのです。

法律の勉強よりも集客の勉強を優先的にやっておく必要があります。

開業前に法律の勉強をやりすぎない方が良いもう1つの理由は、実務でどういう知識が必要になるのかということは、実際の仕事をやってみないとわからないことが多いからです。

教科書で勉強する内容と実際の業務の間には大きなギャップがあります。机に向かってどんなに必死に法律を勉強していても、実務で必要なことは学べない場合もあります。

開業後に必要なのは「動きながら学ぶ」という姿勢です。実務をやっていれば、現場で必要な法律知識はどういうものなのか、というのが感覚的にだんだんわかってくるようになります。

必要に応じて勉強を進めていく方が役に立つし、記憶にも残りやすくなります。

もちろん、開業前に全く勉強をしなくて良いと言いたいわけではありません。最低限の勉強は必要です。

最低限の勉強とは何なのかというと「行政書士法＋専門分野の基礎知識」です。

行政書士法には、行政書士として仕事をする上で絶対に知っておかなければいけないことがまとめられているため、基本的な解説書を読んでしっかり学んでおく必要があります。

また、自分が専門にしたい分野については、関連する法律や実務に関する知識は一通り押さえておくようにしましょう。

開業前の段階で、それ以外の勉強を無理にやる必要はありません。特に、行政書士は業務分野が広すぎるため、すべての分野に精通しようとすると、時間がいくらあっても足りません。法律の勉強に縛られすぎて集客の勉強をする時間が取れない、という事態に陥らないように注意しましょう。

POINT

法律の勉強より集客の勉強。

自分の知識・経験・人脈の棚卸しをする

行政書士の支部会などの集まりに参加するといつも感じるのは、行政書士と一口に言ってもいろいろな属性の人がいるなあ、ということです。

行政書士は、弁護士、司法書士、税理士などのほかの士業に比べると、資格取得のためのハードルが低く、業務の範囲が広いという特徴があります。

そのため、行政書士になるような人はそれぞれ違った経歴を持っています。そして、その中の多くの人が、もともと持っている知識や人脈を生かして行政書士業務を行っています。

これから開業することを考えている人は、まずはご自分の人生を振り返って、今までの仕事などで身につけた知識や経験、今の自分が持っている人脈などを一通り書き出してみましょう。

そして、その中から行政書士の業務につなげられることがないかどうか、じっくり考えてみてください。

「自分は今まで普通に生きてきただけで、特別な経験なんて何もない」と思う人もいるかもしれません。

しかし、それは間違いです。どんな人でも、他人から見れば何かしら珍しい経歴を持っていたり、貴重な経験をしていたりするものです。自分にとってはそれが当たり前なので気付いていないだけなのです。

いったん立ち止まってじっくり考えてみると、今後の業務につながることが見つかる可能性は十分あります。

さらに言うと、行政書士の業務に直接関係がなさそうなことであっても、いったん全部書き出してみましょう。

なぜなら、一見すると関係がないようなことであっても、それがあとから意外な形で業務に結びつくこともあるからです。

自分の知識・経験・人脈の棚卸しをすることは、自分を客観的に見る練習としても役立ちます。

士業では自分自身が商品であるという側面があります。そんな商品の特性をきちんと理解しておくことが重要なのです。

POINT

自分という商品の価値を見極める。

知識・経験・人脈の棚卸し

建築資材の会社で
働いていた

建設会社に
建設業許可の
営業をする？

自動車会社で
働いていた

自動車関係の
許認可業務を行う？

法学部卒業

弁護士や
司法書士になった
同級生に連絡する？

国際交流
サークル出身

外国人の知人から
入管業務の相談を
受ける？

専門特化が重要である理由

行政書士を始めるときには、専門分野を絞り込むことをおすすめします。できれば1つ、多くても3つぐらいまでに絞った方が良いでしょう。

実際、長く続けている行政書士のほとんどは、自分の事務所の専門分野を決めていて、そこに特化して業務を行っています。

専門分野を絞り込むことにはいくつものメリットがあります。まず、専門家として信頼されやすくなります。

たとえば、あなたがおいしいステーキを食べたいと思っているときに、以下の2つの店のうち、どちらに行ってみたいと思われますか？

A．ステーキ専門店

B．ステーキ、カレー、うどん、ラーメンなどいろいろな料理を提供する店恐らく、ほとんどの人はＡのステーキ専門店を選ぶのではないでしょうか。ステーキだけを提供している店の方が、ステーキの味について深いこだわりがあり、おいしいステーキを作ってくれる可能性が高いと考えられるからです。

行政書士もこれと同じです。お客様が建設業許可を取りたいと思っているなら、「何でもやっている行政書士事務所」よりも「建設業許可専門の行政書士事務所」に依頼をしたいと考えるのではないでしょうか。

専門分野を作っておくと、お客様から信頼されるだけでなく、その仕事ばかりをやることになるので、より短い期間で１つの分野の実務経験をたくさん積むことができます。

それによって、専門分野にますます詳しくなり、ますますお客様から信頼されるようになるという好循環が生まれます。

また、同じ分野の業務を何度も繰り返すと慣れてくるので、どんどん迅速かつ的確に仕事を進められるようになります。

このように、専門分野を決めることには多くの利点があるのですが、それでもどうしても踏み出せないという人もいるかもしれません。

恐らくそういう人は、専門にする業務を絞り込んでしまうと、ほかの分野の相談が来たときに受けられなくてチャンスを逃してしまうことになるのではないか、と思っているのではないでしょうか。

その気持ちはわからないでもないのですが、実際には1人の行政書士がすべての分野の業務に精通することは不可能です。何でも自分だけでやろうとする必要はありません。

自分の専門分野以外の相談が来たら、その分野に詳しい別の行政書士を紹介するという手もあります。お客様に満足していただけるのであれば、それで何の問題もありません。

特定の分野について専門性を高めていくことで、ほかの分野の依頼が減ってしまったり、依頼を受けられなかったりすることがあるかもしれませんが、ほとんどの場合、専門分野の業務がそれ以上に増えていくことになるので、売上は伸びていきます。

専門分野を1つに絞り込んで、それを突き詰めていくことで、その分野のスペシャリストとしてお客様や同業者から信頼される存在を目指しましょう。

POINT

専門特化すると信頼される。

仮説と検証を繰り返す

行政書士の集客にはさまざまな方法が考えられます。実際に行政書士の仕事を何年もやっている人の中でも、どうやってお客様を集めているのかというのは人それぞれ違います。

今では売上が安定している事務所でも、初めの頃には効果的な集客方法がわからずに、試行錯誤を繰り返していたりするものです。

あなたが開業時にどうやって集客をすれば良いのか迷っているのであれば、とりあえず1つの方法を選んで試してみるという手もあります。いろいろなやり方を試していれば、そのうち良い方法が見つかるかもしれません。

ただし、闇雲に何でもかんでも試せば良いというものではありません。何かをやるときには必ず仮説を立てて、それを検証するという考え方をしてください。

たとえば「チラシを配って宣伝する」という集客方法を試してみるとします。その場合、どういうデザインのチラシを作って、どういうキャッチコピーを書いて、どういう人をターゲットにして、どこにどのぐらい配っていくのか。自分なりの仮説を立てて、それに基づいて戦略を練ってください。

そして、実際にチラシを配ったら「○カ月で○件の問い合わせがあり、そこから○件の受任ができて、○円の売上があった」というふうに結果をまとめましょう。

お客様と話す機会があれば、チラシを見て問い合わせをする決め手となったのはどこだったのか、といったことを直接確認することもできます。

そして、その結果を踏まえて、自分のもともとの仮説が正しかったのかどうか、間違っていたのはどういう点だったのか、それをどういうふうに改善すれば良いのか、といったことを考えてください。

その上で、次に何をやるのかを決めてください。少しデザインやキャッチコピーを変えてまたチラシを配っても良いですし、チラシを配る地域を変えても良いかもしれません。

また、チラシはあきらめて、ウェブ広告に切り替えた方が良いかもしれません。

そうやって1つ1つ丁寧にデータに基づいた仮説と検証を繰り返していくと、いずれ効果的な集客方法にたどり着くことができるでしょう。

チラシを配ってお客様が集まらなくても、それ自体を悔やむ必要はありません。チラシで集客ができるはずだという自分の立てた仮説に何らかの間違いがあっただけです。

その失敗を次に生かすことさえできれば、失敗は悪いことではありません。
効果的な集客方法を見つけるためには、ひたすら仮説と検証を繰り返すという意識を持ってください。

POINT

失敗は次に生かす。

すべては顧客目線で考える

行政書士に限らず、ビジネスにおいては「お客様が何を求めているのか」というのを絶えず考え続けることが重要です。

たとえば、あなたが行政書士として相続業務をやっていきたいと考えているとします。その場合には、自分自身をお客様の立場に置き換えてみて、自分が相続について誰かに相談したいと思ったときにどうするだろうか、というのを想像してみます。

インターネットで情報を調べるとすれば、どんなキーワードで検索をするでしょうか。そして、たどり着いた行政書士のホームページにどんな情報が載っていれば、そこを信頼して相談をしてみたいと思うでしょうか。

そうやってお客様の立場で想像をめぐらせながら、どういうふうに広告を出せばいいのか、どういうホームページを作ればいいのか、といったことを考えてください。

この考え方をするのは、ホームページやウェブ広告を作るときに限った話ではありません。たとえば、事務所の前に看板を出すとしたら、その看板にどういうことが書いてあれば、そこに相談をしたいと思ってもらえるでしょうか。そういう1つ1つのことをお客様の立場できちんと考えるのが重要なのです。

「顧客目線で考える」というのは当たり前のことのようですが、始めたばかりの頃にはこれがなかなかできません。

なぜなら、開業したばかりの頃は、誰もが「仕事を取りたい」「売上をあげたい」「お客様を集めたい」ということに精一杯で、自分の目線で物事を考えてしまいがちだからです。

しかし、この考え方ではなかなか結果も出ません。なぜなら、あなたの提供するサービスを利用したいと思うかどうか、あなたの売っている商品を買いたいと思うかどうかというのは、全面的にお客様自身の判断に委ねられているからです。

あなたができるのは、お客様にそう思ってもらえるような環境を整えることだけです。最終的な判断はお客様が下すことであり、こちらが手出しできるものではありません。

だからこそ、徹底してお客様の目線に立って、どうすればいいのかを考えるようにしてください。

判断に迷うことがあったら「お客様はどう思うだろうか？」ということを考えれば、間違った判断をする可能性が低くなります。

POINT

徹底的に顧客目線。

マイナス要素を排除する

お客様から問い合わせを受けて、面談をして、仕事を依頼してもらうまでには、いくつかの段階があります。そして、それぞれの段階で不安に感じるような要素があれば、お客様は仕事を依頼してくれません。

逆に言うと、お客様から仕事を依頼してもらうためには、各段階における「依頼しない理由」をすべて排除することが大事なのです。

たとえば、お客様があなたが出したウェブの広告をクリックして、あなたの事務所のホームページにたどり着いたとします。そこに書かれている説明文がわかりにくければ、その時点でお客様は読むのをやめてしまうでしょう。

また、ホームページを見た時点で、何となくデザインが安っぽくて怪しい感じがしたら、そこに相談しようとは思わないかもしれません。

その段階をクリアして、お客様が「問い合わせをしてみよう」と思ってあなたの事務所に電話をかけてくるとします。

そこですぐに電話がつながらなければ、そのままあきらめてしまう可能性もあります。また、電話で話してみて、しゃべり方が偉そうだったり、自信がなさそうだと感じられたりしたら、やっぱりこの人に頼むのはやめよう、と思うかもしれません。

そこをクリアしてようやく面談にたどり着いたとしても、まだ受任が決まったわけではありません。

事務所の雰囲気はどうか、行政書士の態度や服装はどうか、説明がわかりやすいかどうか、手続きの料金は適正価格なのかどうかなど、お客様の頭の中にはいくつかのチェック項目があります。そのすべてをクリアしていると見なされると、そこでようやく正式に依頼をしていただけることになります。

つまり、行政書士の立場としては「この点が引っかかるからこの人に依頼するのはやめておこう」と思われるような要素をあらかじめすべて潰しておけば、依頼をしてもらえる可能性が上がるのです。

ここでも重要なのは「顧客目線」です。お客様の立場から見て、依頼をするのをやめようと思うような部分を1つ1つ丁寧に取り除いていけば、受任までたどり着けるようになります。

私は、これから行政書士事務所を開業しようとしている人から「自宅事務所の方がいい？　独立事務所の方がいい？」「事務所の場所はどこがいい？」「服装はスーツにネクタイの方がいい？　ラフな服装でもいい？」などと、細かいことについて相談を受けることがあります。

そういうことを聞かれたときにいつも思うのは「お客様がどう思うかを想像して決めればいいんじゃない？」ということです。

お客様からどう見えるかということを基準にすれば、行政書士業務に関するあらゆる問題についての答えは自然に見えてきます。

もちろんすべてのことにはっきりした正解があるわけではないのですが、そういうふうに考えれば、細かいことであれこれ悩む必要はなくなります。

逆に言うと、お客様が依頼をするかどうかにかかわりがないことについては、あまり細かく気にしても意味がない、とも言えます。

顧客目線を意識することで、それが重要な問題なのかそうではないのかを判断することもできるのです。

ホームページを作るときにも、広告文を書くときにも、事務所の内装や自分の服装や話し方について考えるときにも、常にお客様からどう見えるかということに焦点を絞るようにしましょう。

POINT

依頼しない理由を潰していく。

お客様の問題解決にフォーカスする

行政書士のところに相談に来る人というのは、大抵の場合、自分では解決できない抜き差しならない問題を抱えています。そして、それを解決してくれることを期待しています。

そこで行政書士の立場としては、お客様の問題解決にフォーカスして、そこに寄り添うような姿勢をとることが重要です。

たとえば、駆け出しの行政書士によくある失敗例として、面談の席でお客様をほったらかしにして法律談義を延々と繰り広げてしまう、ということがあります。

行政書士は法律関係の専門職であり、法律の説明をしっかりするのが自分の本分である、などと思っているのかもしれません。しかし、これは大きな間違いです。

もちろん、相手に求められた場合には必要に応じてそういう説明をしても良いのですが、基本的には、お客様はあなたの法律談義を聞きに来ているわけではありません。自分が抱えている問題を解決してほしいだけなのです。

行政書士が最優先にすべきなのは、何について困っているのかを詳しく聞いた上で、それをどうやって解決すれば良いのかを示すことです。

行政書士である自分がこれをやることで、あなたがお悩みの問題がこういうふうに解決されます、ということを伝えられれば良いのです。

それができれば、お客様はあなたのことを信頼して、仕事の依頼をしてくれるはずです。

また、お客様の話を聞いているうちに、相談内容が行政書士業務の範囲外であることがわかることもよくあります。

たとえば、相続手続きに関する相談を受けているうちに、お客様が悩んでいるのは主に相続税の手続きに関することだった、ということがわかったとします。

税務にまつわる相談は税理士の独占業務であるため、行政書士がそれに対応することはできません。

しかし、このような場合に「私は行政書士なので専門外の税務相談を受けることはできません」などとお客様を突き放してはいけません。

そういうときには「その件は税理士の先生の扱う業務であるため、私からは何も申し上げられません。ご希望であれば、当事務所が提携している税理士事務所をご紹介することはできますが、どうされますか？」などと自分から提案をしてください。

専門外の相談だからと頭ごなしにはねつけるのではなく、どういう対応をすればお客様の問題解決につながるのか、ということを考えて、適切な対応をしてください。

この場合、仮に税理士事務所を紹介することになり、自分のところには直接依頼が来なかったとしても、問題解決に貢献したことでお客様には喜ばれますし、紹介先の税理士からも感謝されるかもしれません。

そのお客様や税理士事務所からのちに別の相談をされたり、お客様を紹介していただけたりすることもあります。長い目で見ればそれが自分の事務所の利益につながる可能性もあるのです。

行政書士の業務であるかどうかということにはこだわらず、お客様の抱えている問題を的確に把握して、それを解決することを心がけましょう。

POINT
お客様に寄り添う姿勢を見せる。

2章

行政書士として稼ぐための基本戦略

行政書士が廃業する理由は1つしかない

行政書士事務所に配布される『月刊日本行政』（日本行政書士会連合会）に記載されているデータによると、毎月多くの行政書士が廃業をしていることがわかります。

もちろん、廃業にはそれぞれの事情がありますが、具体的なトラブルなどがないのに廃業をしてしまう理由は1つしか考えられません。

それは、売上があがらないことです。顧客をたくさん抱えていて売上が安定しているのであれば、廃業する必要がないからです。

開業して間もなく廃業する人の大半は、仕事の依頼がなくて売上をあげることができず、生活していけないから辞めてしまうのではないでしょうか。

もちろん、行政書士を趣味のような感覚でやっていて、全く儲からなくても良いというのであれば、売上がゼロでも構わないかもしれません。

しかし、ほとんどの方は収入を得るための仕事として行政書士をやっていきたいと考えているはずです。そうであれば、お客様をどうやって集めるかということ、すなわち「集客」こそが最も重要な課題です。

行政書士試験では集客方法について問われることはありません。試験の勉強をどれだけやっていても、集客力が身につくことはありません。

また、行政書士開業者を対象にした実務講座も予備校などで行われていますが、そこでも具体的な集客方法が学べることはほとんどありません。

建設業許可や風俗営業許可などの実務に関する知識やノウハウは教えてもらえますが、どうやってお客様を集めるのかという肝心なことはあまり語られません。

なぜなら、集客方法というのは行政書士にとって大事な「飯の種」であり、たとえ開業者向けの講座であっても、不特定多数の人に向けて気軽に教えられるようなものではないからです。

苦労して勉強をした末に行政書士試験に受かると、誰でも気分が高まるものです。行政書士事務所を開業して、行政書士のバッジを付けることに誇らしさを感じたりもするかもしれません。

しかし、そこで何かを達成した気になっていてはいけません。資格を取ることや開業をすることは、行政書士としてのゴールではなくスタートなのです。

行政書士事務所を開業しても、思ったように集客ができずに3年以内に廃業してしまうような人もたくさんいます。まずはこの現実を重く受け止めてください。

そして、自分がそうならないためにはどうすればいいのかを真剣に考えましょう。

POINT

売上ゼロは廃業への一本道。

行政書士業にマーケティングが欠かせない理由

集客を考える上で重要なのは、単に1人1人のお客様を集めることではなく、継続的にお客様を集められるような仕組みを作ることです。集客の仕組みを作ることを「マーケティング」と言います。

マーケティングに近い意味の言葉として「営業」というのがあります。同じような意味で使われることもありますが、マーケティングの方が少し包括的で広い概念だと考えてください。

簡単に言うと、営業では商品を売ることを目的とするのに対して、マーケティングでは商品を売る手助けをするために、市場や顧客との関係性を良好にするのを目的としています。

たとえるなら、野球などのスポーツにおける監督と選手のようなものです。マーケティングが監督で、営業が選手です。全体的な戦略を立てて、お客さんを集めるにはどうすればいいか、というのを考えるのがマーケティングです。

一方、その戦略に基づいて、実際に体を動かしたり、広告宣伝ツールを使ったりして、商品そのものを売り込むのが営業です。

営業自体は大切なのですが、行政書士業の場合、ただ闇雲に誰彼構わず売り込んでも商品が売れるわけではありません。

ラーメン屋さんのような飲食店であれば、チラシなどで宣伝をして、人通りのある道路沿いに店を構えて看板を掲げていれば、ラーメンを食べたいと思う人がそこに入ってきてくれるでしょう。

でも、行政書士業ではそういうことはめったにありません。行政書士が扱う許認可業務などのサービスを必要としている人は限られています。看板を出したり、不特定多数の会社や人を対象に飛び込み営業をしたりしても、受任につながることはほとんどないでしょう。

そのため、行政書士業では、営業の前段階としてしっかりとターゲットを絞り、戦略を立てることが欠かせないのです。

また、行政書士は弁護士や税理士などと違って、どういうサービスを扱っているのかということが一般的にあまり知られていません。世の中のほとんどの人が行政書士と司法書士の区別もついていないでしょう。

そのため、初めて会う人に「行政書士です」などと自己紹介をしたり、友人知人に開業の連絡をしたりしても、それで相手がこちらの業務内容を理解して、必要なときに相談をしてくれるということがあまり期待できないのです。

マーケティングと営業の違い

マーケティング	営業（セールス）
商品を売るための**仕組みを作る**こと	商品を売るために**努力する**こと
・顧客のニーズを理解する ・戦略を立てる ・効果を検証する **➡戦略的、総合的**	・今週は○○件の商談を入れよう ・ひと月に○○人の顧客を獲得しよう **➡具体的、行動的**

だからこそ、行政書士業ではマーケティングが重要です。自分がどういうサービスを提供しているのかということをしっかり考えて戦略を練る必要があるのです。

POINT
行政書士業は押し売りができない。

士業マーケティングの「甘さ」とは？

あなたが行政書士事務所を開業して、行政書士の世界に飛び込むとき、そこにはすでに多くの先輩行政書士が存在しています。

開業1年目でまだ何の実績もない状態で、何十年もの実務経験があるベテラン行政書士の先生方と同じ土俵で戦わなければいけないのです。

そんな状況の中で「自分が先輩方に勝てるのだろうか？」「お客様から仕事を依頼してもらえるのだろうか？」などと不安に思うかもしれません。

しかし、心配は無用です。マーケティングという観点から見た場合、士業という世界には独特の「甘さ」があります。新規参入者でもつけ入るスキがあるということです。

たとえば、ちょっと想像してもらいたいのですが「どんな仕事でもいいからとにかくお金を稼ぎたい！」と思っている人がいるとして、その人は世の中に数ある仕事の中から行政書士という仕事を選ぶでしょうか？　もちろんそういう人もいないことはないかもしれませんが、割合としては相当少ないのではないでしょうか。

世の中には多種多様なビジネスがあります。一般的に考えて、行政書士よりも儲かりそうな仕事はたくさんあります。行政書士は国家資格である以上、重い責任が伴いますし、業務上のさまざまな制約もあります。

率直に言って、単にお金儲けをしたいと思っている人が真っ先に目指すような仕事ではありません。

私はこれまでに何十人もの行政書士の方と会って話をしたことがありますが「とにかくお金を稼ぎたい！」というようなガツガツした雰囲気の人には会ったことがありません。

むしろ、自分の知識を生かして人の役に立ちたい、やりがいのある仕事をしたい、自分のペースで仕事をしたい、といった理由から行政書士の道を選んでいる人が大半でした。

つまり、行政書士という仕事においては、必死になって売上アップに知恵を絞っているような人が比較的少ないため、マーケティングをきちんとやっていれば、開業して間もない人でも十分に仕事を取れる余地があるのです。

さらに言うと、資格というのはビジネスにおいて参入障壁として機能します。行政書士の仕事は、やろうと思った人が誰でもすぐに始められるようなものではありません。資格がなければそもそも開業することもできないのです。

その意味では、新しく入ってくる人の数も限られているため、競争もそこまで激しくはならないところがあるのです。

行政書士の資格を持っているのは、地道に勉強を続けて試験に受かった人か、公務員として行政事務に長年従事した人だけです。基本的には、どちらかと言うと一攫千金を狙うような人よりも、堅実で真面目な人が多いと考えられます。

行政書士の仕事においては、そういう人たちの中で自分が生計を立てられるだけの売上を確保できれば良いのです。

もちろん、実際にはお客様を集めるのは簡単なことではありません。いい加減な気持ちで始めて成功するような甘い世界ではありません。でも、初めから絶望しなければいけないほど厳しくもないのです。

本書の内容を理解して、しっかり戦略を立てて実践していけば、自ずと良い結果が出るはずです。

POINT

資格は最大の参入障壁。

行政書士は稼げない資格ではない

行政書士は、弁護士や司法書士などと比べると「稼げない資格」であると言われることがあります。

そういうふうに考えられている最大の理由は、行政書士の主要な業務である許認可業務の多くが、一度きりで終わってしまう継続性のない業務だからです。

たとえば、弁護士や税理士は企業などと顧問契約を結ぶことがあります。顧問契約は毎月顧問料が発生する継続的な業務になります。

しかし、行政書士の場合、基本的には何らかの新しいビジネスを始めるために許認可を得るという仕事が中心になります。具体的には、建設業許可、風俗営業許可、古物商許可などがあります。

このような許認可業務では、許可を取るだけで業務が完結してしまいます。継続的な仕事にならないので、常に新しい仕事を取り続ける必要があります。

だから行政書士業は格別に厳しいのかというと、私の実感では必ずしもそうであるとは言い切れません。

なぜなら、行政書士業務の中にも継続的な業務はあるからです。代表的な例は、建設業許可の更新です。新規で許可を取った後、5年に一度は更新をする必要があるため、これは継続的な業務になります。

ほかの許認可業務でも、更新の手続きが必要になることは多いため、それを引き続き行うことも期待できます。

また、実際に業務を始めるとわかるのですが、既存のお客様から別の案件について相談されたり、ほかのお客様を紹介していただいたりすることがたびたびあります。

お客様の心理としては、行政書士に一度サービスを依頼して、それなりに満足したのであれば、次に何かあったときにもまた同じ人に頼みたいと思うものです。

つまり、行政書士として真面目に仕事を続けていれば、単発の業務から派生して別の仕事につながることも結構あるのです。

「行政書士は単発の業務ばかりだから稼げない」というのは一面的な見方でしかありません。実際には行政書士業で高収入を得ている人はたくさんいます。開業する前からその点について心配する必要はありません。

POINT

「行政書士は稼げない」は大嘘。

すべてのビジネスに共通する売上の3要素

売上を増やすためには、そもそも売上とは何なのか、ということを真剣に考える必要があります。行政書士業に限らず、あらゆるビジネスに通用する売上の公式は以下のとおりです。

売上＝客数×客単価×購入頻度

つまり、売上は「客数」「客単価」「購入頻度」の３つの要素だけで決まるということです。

客数とは、お客様の数のことです。

客単価とは、そのお客様１人１人がどれだけの金額を支払ってくれるのか、ということです。

購入頻度とは、お客様がどのくらいのペースで繰り返し商品を購入してくれるのか、ということです。

売上はこの3つの要素のかけ合わせです。客数が2倍になれば、売上も2倍になります。

つまり、売上をアップさせるためには、客数、客単価、購入頻度のいずれかを増やさなければいけないということです。

売上の公式

1人が支払う金額

売上＝客数 × 客単価 × 購入頻度

お客様の数

一定期間に
購入する回数

「マーケティング」とか「営業」という言葉を聞くと、とにかくお客様をたくさん集めなければいけないと考える人がいます。

それはそれで間違いではないのですが、客数は売上を決める要素のうちの1つに過ぎません。

たとえば、商品やサービスの単価を上げれば、お客様の数が変わらなくても売上は増えます。

また、お客様が一度だけでなく、何度も繰り返し商品を購入してくれれば、それでも売上は伸びます。闇雲に新規のお客様の数だけを増やそうとする必要はないのです。

自分が売上を増やすために何らかの施策を行うとき、それが「客数」「客単価」「購入頻度」のどれを増やすことにつながるのか、というのをしっかり考えることが大切です。

POINT

売上は3要素で考える。

客数・客単価・購入頻度を増やす方法

「客数」を増やすには営業をするしかありません。行政書士業は単発業務が多いため、基本的には新規顧客を開拓し続ける必要があります。

具体的にどういう営業方法があるのか、どういうことをしていけば良いのか、といったことは本書の3章以降で説明しています。

補助的なアプローチとしては、仕事を依頼してもらう前の段階の「見込み客」を増やす、というのも有効です。

たとえば、無料のメールマガジンで情報提供をしたり、無料で相談を受けたり、無料のセミナーを開催したりすることで、お客様になる可能性のある人を集めることができます。

見込み客を確保できていれば、その中からのちに仕事を依頼してくれる人も出てきたりします。

営業をしてすぐに仕事を依頼してくれる人がたくさんいれば良いのですが、そうではない場合には、ひとまず見込み客を集めておいて、そこから実際に依頼をしてくれる人が出てくるのを待つ、というやり方もあるのです。

「客単価」を増やすには「商品の単価を上げる」「複数の商品をまとめて売る」という2つの方法があります。

単価を上げるというのは、単純ですが効果的な方法です。行政書士業では、業務の価格は行政書士自身が自由に決められます。大まかな相場は決まっていますが、明確なルールがあるわけではありません。

しかし、ほとんどの場合、開業したばかりの行政書士は単価を低く設定してしまいがちです。経験がなくて自分の業務に自信が持てないため、価格設定も控えめになりがちなのです。

しかし、これが大きな間違いです。単価を不当に安くしてしまうと、その分だけ売上が下がります。同じ売上目標を達成するために必要な業務量も増えてしまいます。

忙しさの割に売上が少ないと感じている人は、思い切って価格を上げてみた方が良いかもしれません。

「複数の商品をまとめて売る」というのは、行政書士の場合であれば、1つの業務を受任した際に、関連する別の業務も一緒に依頼してもらえるようにする、ということです。

たとえば、会社設立の業務を受任した場合に、その会社で行うビジネスに必要な許認可申請も受任できたりします。

客数・客単価・購入頻度の増やし方

客数	客単価	購入頻度
・営業をする ・「見込み客」を増やす （メルマガ、セミナー）	・商品の単価を上げる ・複数の商品をまとめて売る （関連業務を受任する）	・既存客のアフターフォローをする （手紙、メール）

そうやって一度に複数の業務を受任するためには、業務に関する知識が必要であるのはもちろん、お客様のニーズを読み取って、そこに合わせて話をする提案力も求められます。

「購入頻度」を増やすには、一度仕事を依頼していただいた既存客から、再度の依頼を受ける必要があります。

そのためには、既存客のアフターフォローをすることが必要です。年賀状などの時節の挨拶状を送ったり、メールで情報提供をしたりすることで、何か相談事があったときに思い出してもらえるような存在になることを目指しましょう。

また、結局のところ、再度の依頼があるかどうかは、最初の仕事でお客様をどれだけ満足させることができたかで決まります。

1つ1つの仕事を丁寧かつ誠実にこなすことで、再度の依頼が期待できるようになります。

POINT

売上アップには3つのアプローチがある。

サラリーマンから経営者のマインドに切り替える

私自身は、会社に所属しないフリーの立場でライターの仕事をしている状態から、新たに行政書士の仕事を始めました。

ライターも行政書士もフリーランスであるという点では同じです。そのため、比較的スムーズに仕事を始めることができました。

しかし、一般企業に務めていた人が独立して行政書士になる場合には、それまでとは仕事の性質が大きく変わるということをわかっていないと、思わぬ落とし穴にはまってしまうことになります。

行政書士の就労形態は大きく分けて3つあります。

1. 独立して個人で仕事をする（個人事業主）
2. 別の行政書士と組んで仕事をする（行政書士法人の経営者）
3. 雇用されて行政書士事務所などで働く（正社員・契約社員）

3の場合であれば、事務所に雇われている状態なので、働き方としては会社員の頃とあまり変わらないかもしれません。しかし、1と2の場合には、自分自身が経営者であるということになります。

未経験の状態からいきなり行政書士法人を立ち上げる人はほとんどいないため、実際には多くの開業者が最初は1の形態を選ぶはずです。

個人事業主として仕事をするというのは、感覚的には1人で会社を経営するのと同じです。これは、会社に雇われて給料をもらって仕事をするのとは全く次元が違うことです。

開業前の段階でこれを実感としてわかっている人は少ないような気がします。なぜなら、世の中の多くの人は会社などに雇われて働いていることが多く、自分自身が経営をするという経験をしていないからです。

行政書士を始めるときには、サラリーマンのマインドを捨てて、経営者のマインドを身につけなければいけません。ここをわかっていないと何かと苦労することになります。

サラリーマンと経営者の最大の違いは収入を得るシステムです。

サラリーマンは仕事の出来にかかわらず、毎月一定の給料を受け取ることができます。会社に行って働いてさえいれば、給料が支払われて、生計を立てられるのです。

そういうシステムになっているからこそ、将来にわたって収入の予測を立てて、安定した生活を送ることができます。仕事をしている限り、毎月一定の収入が保証されているというのが会社員の感覚です。

しかし、経営者の場合、そうはいきません。経営者は、自分が仕事を取ってくることができなければ、収入はゼロです。固定給は1円もありません。何もしなければずっとゼロのままです。これが経営者の現実です。

また、会社員の場合、仕事は与えられるものです。会社が組織として仕事を取っていて、その一部が会社員個人に割り振られ、それをこなしていくことになります。会社員が「仕事をどうやって取ればいいのか」ということに頭を悩ませる必要はありません。

しかし、経営者の場合、仕事は自分で作るものです。自分が動いて仕事が取れなければ、そもそも仕事をすることができず、売上を確保することもできません。そこが非常に厳しいのです。

さらに言うと、サラリーマンは仕事において自分で経費を払う必要がありません。仕事に必要なものは基本的に会社から支給されます。

サラリーマンと経営者の違い

サラリーマン	経営者
労働力を提供して一定の**対価**を得る	**売上**を継続的に生み出す**仕組み**を作る
固定給（＋歩合【上限あり】）	完全歩合給（上限・下限なし）
決められた業務を行う	仕事は自分で決める
仕事では**身銭を切らない**（労働者マインド）	**資本**を投下して**利潤**を得る（資本家マインド）

一方、経営者は自前で経費を負担しなければいけません。ただ事務所を構えているだけでも、家賃や水道光熱費などが発生したりします。経営者が仕事を全く取れなければ、収入はゼロどころか固定費の分だけマイナスになってしまうのです。

サラリーマンから独立して行政書士になる方は、この点に関して徹底的な意識改革が必要です。仕事は与えられるもの、給料はもらえるもの、という感覚のままでいると、取り返しのつかないことになります。

POINT

経営者に固定給はない。

お金を捨てる勇気を持つ

経営者としての経験のない会社員や学生が行政書士を始める場合に強く意識しなければいけないのは、集客のために積極的にお金を捨てる勇気を持つということです。普通の人にはこれがなかなかできません。

日常生活では、無駄遣いは良くない、節約を心がけよう、などと言われます。たしかにそれは正しいですし、行政書士事務所を運営する上でも無駄な出費はできるだけ避けた方が良いのですが、必要なものにはきちんとお金を出さなければいけません。

行政書士は個人事業主です。自分のビジネスを回していくためには、ある程度のお金を使うことは必要です。

たとえば、集客のためにネット上にリスティング広告を出す場合には広告費が発生します。仮に、そこに月10万円かかるとして、迷わず払えるかどうか。ここが重要なのです。

こういうときにほとんどの人はまとまったお金を使うのを恐れます。そして、必要だと思われるよりも大幅に少ない額のお金を試しに出してみたり、お金を出すこと自体をやめてしまったりします。

広告費というのは、必ず使った分だけの見返りがあると保証されているものではありません。10万円の広告費を使っても、広告を見た人からは何の反応もなくて、仕事は1つも取れないかもしれません。10万円は丸々無駄になってしまう可能性もあるのです。

ここで「それだったらやめておこうかな……」という判断をするのなら、あなたは経営者に向いていません。

広告費に10万円を使っても、仕事は全く来ないかもしれない。または、3万円の仕事しか来ないかもしれない。でも、20万円の仕事が来る可能性だってあるのです。

結果はやってみるまでわかりません。だからこそ、まずは始めてみるしかないのです。

広告で人を集めるにはお金がかかるということをあらかじめ理解して、そのお金が無駄になってしまうかもしれないということを覚悟しておくことが重要です。

また、経営における損得というのは長期目線で考えなければいけません。

たとえば、10万円の広告費を使って、10万円の在留資格変更許可申請の仕事が1件だけ取れたとします。この場合、10万円を使って10万円の仕事が来ただけなので、トータルでは0円のタダ働きになってしまうと思われるかもしれません。

でも、この経験から得られるものは決してゼロではありません。なぜなら、1つの仕事を取ることでそのお客様とのつながりができるので、それが別の仕事に結びつく可能性があるからです。そのお客様が1年後には在留期間更新許可申請を依頼してくれるかもしれません。また、別のお客様を紹介してくれるかもしれません。

さらに言えば、1件の仕事をすることで、行政書士として実績を積むことができます。その経験も自分自身の財産になります。広告費を出し惜しみしていれば、その経験すら得られなかったわけです。

そのように考えると、集客のためにまとまった金額のお金を使うことは決して無駄ではありません。

行政書士事務所の経営においては、だいたいお金は先払いです。先にウェブサイトを作ったり、事務所を借りたり、備品を揃えたり、広告を出したり、交流会に参加したりして、お金をどんどん使っていくことになります。

そして、最終的にお客様から仕事を依頼されて、報酬を受け取ることができたら、そこで初めて売上が計上されて、お金が返ってくることになります。

最初のうちは、売上があがる保証もないのにどんどんお金を使うというのは怖いものです。でも、それで仕事が取れるようになれば、だんだん慣れていきます。そうやって少しずつサラリーマンから経営者のマインドに変わっていくのです。

また、そもそも元手がないとお金を使うこともできないので、開業前にはまとまった金額の開業資金を確保しておくことも重要です。

開業の際には、最低でも半年から1年は生活していけるだけのお金は確保した上で、経費として使うためのお金も残しておきましょう。

開業の時点でお金が足りないのであれば、借入をするという手もあります。国民政策金融公庫などで低金利の創業融資も受けられます。

開業後は広告費などには積極的にお金を使っていって、それが売上につながっていく感覚を身につけるようにしましょう。

POINT

恐れずに経費を使う。

借金は悪ではない

行政書士事務所を経営していく上では、何かとお金がかかります。特に、ウェブ広告などで集客をすることを考えている場合には、広告費としてある程度まとまった金額を使っていかなければいけません。

開業資金が不足している場合、アルバイトなどでコツコツお金を貯めてから開業するという手もありますが、それだと開業までに余分な時間がかかってしまいます。そのようなケースでは融資を受けることをおすすめします。

開業資金の融資を受けることができれば、手元に潤沢な資金がある状態で余裕を持って仕事に臨むことができます。

たとえば、開業資金100万円を稼ぐために1年間コツコツお金を貯めて、それから開業するよりも、最初に100万円の創業融資を受けて開業をした方が、早くスタートを切ることができます。

つまり、融資を受けることで、1年間という人生の中の貴重な時間を節約することができるのです。借金の本質は「時間の前借り」なのです。

もちろん、自分でコツコツ貯めた100万円と融資された100万円は同じ性質のものではありません。融資を受けたお金はあとから返済をしなければいけないからです。

しかし、たとえ借金であっても最初から手元に現金がある状態の方が、不測の事態にも備えられますし、事業を迅速に進められるというメリットもあります。

融資を受けることをおすすめする理由の1つは、借金への抵抗感を減らせることです。これは前に述べた「サラリーマンから経営者のマインドに切り替える」という話にも関連することです。

学生、主婦、サラリーマンなどの多くは、借金に対してネガティブなイメージを持っています。借金は無条件で悪いことであり、できることなら一切しない方が良い、と思っているのです。

しかし、会社経営においては借金をするのは当たり前のことであり、ほとんどの経営者はそれ自体が悪いものだとは考えていません。

一般的にも名前が知られている大企業も含めて、この世に存在するほとんどの会社は借金をしています。銀行などから融資を受けて、それを返済しながら事業を回していくというのが普通のことなのです。

これから行政書士事務所を経営しようとしているあなたも、そのような感覚を身につける必要があります。

もちろん、必要もないのに無理に借金をすることはないのですが、融資を受けることに悪いイメージを持たないようにしましょう。

国民政策金融公庫などの公的機関では低い金利で融資が受けられます。事業資金に不安がある場合には、まずは気軽に相談してみると良いでしょう。

公的機関や銀行から融資を受けて、それをきちんと返済すると、信用が高まって次に融資を受けるときにも優遇されるようになります。それがあるからこそ、多くの経営者は抵抗なく日常的に融資を受けているのです。

融資を受けるためには、事業計画書などの必要書類を準備して提出しなければいけません。この一連の手続きを自分で経験しておくと、のちに行政書士として補助金・助成金申請の業務を行うときにも役に立ちます。

自分が一度やっていれば、お客様に対してもわかりやすく説得力のある説明ができるようになります。

このように、行政書士が融資を受けることには数え切れないほどのメリットがあります。

開業資金や事業資金に不安がある場合には、借金は悪であるという思い込みを捨てて、融資を受けることを検討するようにしましょう。

POINT

借金は時間の前借り。

どんな手段でもいいから売上を増やす

行政書士の仕事を始める人には、それぞれ自分なりの計画があるはずです。「建設業許可を中心にやっていきたい」「入管業務専門の行政書士になりたい」といったことです。

そういう計画を立てるのは悪いことではありませんが、いざ仕事を始めてみると、実際の業務はそんな理想とは違う形になっていくかもしれません。

たとえば、最初は建設業許可の仕事を取りたいと思っていたのに、知り合いから相続に関する相談が舞い込んでくる。相談を受けて、相続業務をやっているうちにどんどんその分野に詳しくなってきて、いつの間にか仕事の大半が相続業務になっていた——そういうことがあるかもしれません。

仮にそうなったとしたら、そのまま相続業務を中心にやっていくという手もあります。無理に当初のプランにこだわる必要はありません。

また、必ずしも行政書士の独占業務だけを専門にする必要もありません。建設業許可申請、風俗営業許可申請、在留資格関係の申請などは、原則として行政書士にしか認められていない独占業務です。

しかし、行政書士がそれ以外の仕事をすること自体には、何の問題もありません。

もちろん、業際というものが存在するため、ほかの資格の独占業務とされているものを行うことはできません。たとえば、税理士の独占業務である税務申告を行政書士がやることはできません。

しかし、そのように法律で明確に禁じられている業務でなければ、何をやっても構わないのです。

たとえば、文章を書くことが得意であれば、行政書士業務に関連する本を書いて出版するという手もあります。本が出ると原稿料や印税が手に入ります。

また、行政書士の仕事を続けていって、その業務に関する実務知識をほかの行政書士に教えたり、セミナーを開いたりするという手もあります。ＹｏｕＴｕｂｅで動画を配信したり、情報商材を販売したりすることもできます。

さらに言えば、行政書士としての本業とは全く関係のない仕事を副業としてやっても構いません。

行政書士事務所を開業する上で重要なのは、何が何でも売上をあげることです。行政書士だからといって、行政書士業務だけにこだわる必要はありません。

「俺は行政書士だから行政書士業務以外の仕事は絶対にやらないぞ！」と意地を張っていても、売上がなければ事務所は立ち行かないので、いずれ廃業せざるを得なくなります。

一方、たとえどんな仕事であっても、売上さえ確保できていれば、ひとまずは行政書士事務所を続けることができます。

逆説的に聞こえるかもしれませんが、行政書士を続けるためのコツは、行政書士という肩書にこだわりすぎないことです。

どんなことであっても、自分がやることに対してお金を払ってくれる人が存在するのであれば、それは人の役に立っているということですから、自信を持ってください。

自分が売れるものは何でも売った方が良い。何が何でも売上を確保する。そういうふうに考えるようにしましょう。

POINT
売れるものは全部売る。

3章

集客方法の種類と特徴

リアル営業とウェブ営業の違い

営業には大きく分けて2つの種類があります。直接人に会ったりする「リアル営業」と、ウェブを使って人を集める「ウェブ営業」です。

明確な定義があるわけではないのですが、ここでは便宜上、ウェブを使う集客方法全般を「ウェブ営業」、それ以外の集客方法を「リアル営業」と呼ぶことにします。

この2つの営業方法には、それぞれにメリットとデメリットがあり、個々人によって向き不向きもあります。自分に向いている営業方法を選べば、結果が出やすくなります。

とは言うものの、自分がどちらに向いているのかわからなければ、最初のうちは両方を試してみる、というのも悪くはありません。やっているうちに、結果が出るものと出ないものに分かれてくるはずなので、そこから結果が出る営業方法に集中していけば良いのです。

そして、自分なりの営業方法で安定して新規案件が取れるようになってきたら、最終的に目指すべきなのは営業をゼロにすることです。

もちろん、どこまでも積極的に営業を続けて仕事を取り続けるというのも悪いことではないのですが、個人でやっている場合、1人でこなせる仕事量には限界があります。ある程度の固定客を獲得すると、そこからの継続案件や紹介案件だけでスケジュールが埋まってしまうようになります。

そうなったら、無理に新規の顧客を取るための営業をする必要はなくなります。営業に費やすお金や時間が減ることで、業務にも集中できるようになります。行政書士事務所を個人で経営する場合には、ひとまずはそこを目標にするべきでしょう。

もちろん、スタッフを雇ったり、行政書士法人を作ったりして、どんどんビジネスを拡大していくという道もあります。行政書士の世界ではそういう拡大路線で成功している方もたくさんいます。ただ、その場合であっても、仕事が増えれば増えるほど、依頼や相談の件数も自然に増えていくので、最初の頃よりも営業に力を入れる必要はなくなっていくでしょう。

POINT

営業はリアルとウェブの2種類。

リアル営業のメリット・デメリット

まず、リアル営業について説明します。リアル営業の代表的な手段として挙げられるのは、飛び込み営業、商工会議所への加入、異業種交流会への参加、チラシの配布、セミナーの開催などです。

リアル営業のメリットは、信頼を獲得しやすいということです。ウェブ営業では直接顔を合わせるわけではないので信頼を得ることが難しいのですが、リアル営業では生身の人間と向き合うことになるため、信頼されやすいということが言えます。

また、ホームページを作ったり、ウェブ広告を出したりするのにはまとまったお金がかかりますが、リアル営業では自分自身が広告ツールとして稼働すれば良いので、比較的お金がかかりません。

リアル営業のデメリットは、ターゲットを絞り込むことが難しいので受任率が低いということです。リアル営業では、自分が売りたい商品を欲しいと思っている人だけに出会えるとは限りません。たとえば、異業種交流会に参加しても、行政書士のサービスを求めている人と直接出会える可能性は低いでしょう。「建設業許可のことで困っている」「相続のことで悩んでいる」といった人が世の中にそんなにたくさんいるわけではありません。異業種交流会で１００人の人と名刺交換をしても、その中から仕事につながるのは1人もいないかもしれません。

また、初対面の人と話をして、少しずつ心理的な距離を縮めて、関係性を作っていくことになるので、たとえ最終的に仕事が取れるとしても、結果が出るまでには時間がかかります。

さらに言うと、そもそも初めて会った人に愛想良くしたり、すぐに打ち解けたりするのには一定レベル以上の社交性が必要です。もともとそういうのが苦手な人は、いくらがんばっても思ったような成果が出なくて苦しむことになります。

POINT

リアル営業は社交性が命。

ウェブ営業のメリット・デメリット

ウェブ営業の代表的な手段は、リスティング広告、ブログ、SNS、YouTube、オンラインセミナーなどが挙げられます。ウェブをツールとして使うもの全般がここに含まれます。

ウェブ営業のメリットは、自分が動く手間が少ないということです。足を使って人に会いに行ったりする必要がないので、その分の時間や労力がかかりません。

ブログを作るのも、ウェブ広告を作るのも、それらを運用・管理するのも、すべてパソコンやスマホだけで完結できます。

また、ウェブを集客ツールとして使うことで、幅広い層に簡単にリーチできるというのもメリットです。

自分自身が動いて営業をする場合、1日で直接会える人の数は限られていますし、会いに行ける物理的な距離にも限界があります。

しかし、ウェブであれば、遠くに住んでいる人も広告やホームページを見て、依頼をしてくれる可能性があります。

場合によっては、海外から依頼や相談が来ることもあります。私自身も海外から依頼を受けたことは何度もあります。

さらに言うと、リスティング広告（検索連動型広告）では特定のキーワードを検索した人を対象にして広告を出すことができるので、ターゲットを明確に絞り込むことができます。

初めから行政書士の業務を必要としている人に対して営業をかけることができるので、無駄打ちが少なく、効率的に集客をすることができます。

一方、デメリットは、リスティング広告であれば広告費がかかるということです。ある程度まとまった金額を出さないと結果が出にくいため、そこは覚悟しておかなければいけません。

また、コンテンツの制作や準備には結構な手間がかかります。記事がたくさんあるブログを作るのは大変な作業になりますし、広告やホームページを作るのも簡単ではありません。

さらに言うと、ウェブコンテンツは多くの人が気軽にアクセスできてしまうため、トラブルがあった場合にそれが広まってしまいやすいということもあります。

たとえば、あなたがＳＮＳやブログで不用意なことを書き込んで、それが炎上を引き起こしてしまった場合、その事実はウェブ上に残り続けます。

そういうリスクがあることを踏まえて、ウェブ上で公開する情報の内容や文章の書き方には細心の注意が必要です。

ウェブ営業に向いているのは、ウェブに関する知識がある人や、文章力やデザイン力がある人です。そういう人はウェブを集客ツールとして有効に活用することができるでしょう。

また、話すことが得意な人は動画を上手く使う手もあります。しゃべりに自信があって営業トークができるような人は、リアル営業でも結果を出せるかもしれませんが、それに加えて動画でも情報発信をしていくと良いでしょう。

一方、初対面の人と打ち解けるのが苦手だったり、人に何かを売り込んだりするのが得意ではない人は、リアル営業に向いていないことが多いので、結果的にウェブ営業の方が合っているかもしれません。

私自身も、ウェブ営業の方が自分には合っていると思ったので、主にそちらで集客をしています。本書でも基本的にはウェブ営業のやり方を解説しています。

POINT
ウェブ営業は効率的。

リアル営業とウェブ営業

	リアル営業	ウェブ営業
具体的なやり方	・飛び込み営業 ・異業種交流会 ・チラシ配布 ・無料セミナー	・リスティング広告 ・ブログ、SNS ・YouTube ・オンラインセミナー
メリット	・信頼されやすい ・お金がかからない	・幅広い層にリーチできる ・自分が動く手間が少ない
デメリット	・社交性が必要 ・受任率が低い ・時間がかかる	・広告費がかかる ・コンテンツ制作に手間がかかる ・炎上のリスクがある
向いている人	**・社交性がある** **・営業経験がある** ・人と接するのが好き	**・人と接するのが苦手** **・ウェブの知識がある** ・文章力やデザイン力がある

ブログの活用法

ウェブ営業にはさまざまなやり方がありますが、最も即効性があっておすすめなのはリスティング広告です。リスティング広告の基本的な仕組みや、そのためのホームページの作り方などは、この後の4章と5章で詳しく解説しています。

本章では、それ以外のウェブ営業のツールについて簡単に解説していきます。

まず、ブログについて。ブログとは「ウェブブログ」の略であり、時系列で記事が記録されるタイプのウェブサイトの総称です。

ウェブの世界では「Ａｍｅｂａブログ」「ｎｏｔｅ」「はてなブログ」など、誰でも無料で使えるブログ作成サービスがたくさんあります。そういうところに登録して記事を書けば、ブログを始めることができます。

ブログを書いている行政書士はたくさんいますが、それを集客ツールとして積極的に活用できている人とそうではないように見える人にはっきり分かれます。

活用できていない人は、身辺雑記のようなことを書いていて、ブログを日記のような感覚で使っています。

それ自体が悪いわけではないのですが、「今日のランチは○○でした」「今日は○○市役所に行きました」などと書かれた記事を読んで、その行政書士に仕事を依頼したいと思う人はあまりいないのではないでしょうか。

もちろん、身辺雑記の内容から人柄の良さが伝わってきて好感を持つといったことはあるかもしれませんが、直接集客に結びつく可能性は低そうです。

一方、集客ツールとしてブログを使っている人は、お客様に役立つ情報を提供することに徹しています。

入管業務を専門にしているのであれば、入管関係の手続きの方法などについて詳しく解説するような記事を書いていたりします。たとえば「コンビニの仕事で就労ビザを取るには？」「短期滞在ビザから就労ビザへの変更はできる？」といったテーマの記事です。

こういう記事を書いていると、そのテーマについて知りたいと思っている人が、Ｙａｈｏｏ！やＧｏｏｇｌｅなどの検索エンジンを経由して記事にアクセスしていきます。

そして、その記事を読んで、それを書いた行政書士に興味を持ってもらえれば、そこから問い合わせをしてもらえることがあるのです。

このように、検索エンジンからウェブサイトにアクセスする人を増やそうとすることを「ＳＥＯ」と言います。ＳＥＯとは「Search Engine Optimization（検索エンジン最適化）」の略です。

集客ツールとしてブログを作るのであれば、ＳＥＯを意識して記事を作っていかなければいけません。

ＳＥＯ対策は、ブログなどのホームページを作る上では欠かせないものです。なぜなら、インターネットを利用するとき、ほとんどの人は検索エンジンにキーワードを入力して、自分の求めている情報を探すものだからです。

たとえば、ホテルを経営している人が、外国人を雇用したときの就労ビザを取る方法を知りたいと思っている場合、「就労ビザ　ホテル」などのキーワードで検索を行います。

検索すると、そのキーワードに関連する情報を提供してくれるホームページへのリンクが出てきます。

その中からいくつかのホームページの記事を読んで、それが役に立つ情報であり、信頼できると思えたら、そのホームページを運営している行政書士事務所に連絡をして、就労ビザの手続きの相談をしてみよう、と考えてくれたりします。

行政書士の立場からは、この過程を逆算して、どういうキーワードで検索をする人が手続きを依頼してくれるのかを考えて、そのキーワードを使ったブログの記事を書いていけば良いのです。

SEO対策に関しては、詳しく説明するとそれだけで1冊の本が書けるほどの内容があるため、ここでは深入りはしません。

重要なのは「キーワードを意識して記事を作ること」と「大量に記事を書くこと」です。

ブログ記事に関しては、とにかくたくさん書くことが大事です。1つのキーワードに対して1つの記事を書く、ということを明確にした上で、それを量産していってください。

どの記事が大当たりしてアクセスを集めるのかというのは、試してみないとわからないところもあるので、とにかくたくさん書いてみるしかないのです。

5本や10本の記事を書いても、反響がある可能性は低いです。50本、100本、200本とどんどん数を重ねていけば、その中からヒットする記事が出てきて、そこからの問い合わせを期待できるようになります。

ブログ制作は長期戦です。コツコツ記事を書きためていって、ブログを育てていきましょう。

POINT

ブログ集客は長期戦。

SNSの活用法

X（旧称：Twitter）、Facebook、Instagram、TikTokなどのSNS（ソーシャルネットワーキングサービス）は、情報を受け取ったり発信したり交流したりするためのツールとして多くの人に使われています。それぞれに特徴があり、ユーザーの年齢層や使い方も違います。

個人的には、SNSを行政書士の集客ツールとして活用するのは難しいのではないかと思っています。私自身もほとんど使っていません。

まず、InstagramやTikTokなどの画像・動画系のSNSは、行政書士業ではあまり使いどころがありません。

たとえば、ネイルサロンや美容院を経営している人であれば、具体的な仕上がりを写真や動画で見せることが集客に直接つながる可能性があります。

しかし、行政書士業では集客につながるような画像や映像が存在しないので、それで人を集めるのは困難です。

X（Twitter）は、ユーザーの年齢層もやや高めで、行政書士もたくさんいます。しかし、集客のために戦略的にXをやっている人はほとんどいないように見えます。

Xでは、何気ない気持ちで書いたことが思わぬ誤解を招いたり、変な広がり方をしたりして、炎上してしまうリスクがあります。テキストが短いので、しっかりした説明や解説をするのにも向いていません。法律を扱う行政書士とは相性が悪いと言えます。

唯一可能性があるとすれば、YouTubeやブログを集客のツールと考えて、その動画や記事を広めるために補助的に使うという方法です。それ以外ではXを集客に役立てるのは難しいかもしれません。

Facebookは、直接集客をするというよりは、同業者や取引先とつながるためのコミュニケーションツールとしては使い道がありそうです。面識のある人だけに限定して情報発信をすることができるのも便利です。

行政書士同士の横のつながりを作ったり、税理士や弁護士などの他士業の知り合いを増やしたり、関係を深めたりするのには役に立つでしょう。

行政書士のSNS活用に関して、やや後ろ向きな意見を述べてきましたが、もちろん使ってはいけないわけではありません。

私が想像もつかないやり方で、ＳＮＳを集客に結びつけている人も存在するかもしれません。また、仕事に関係のない単なる気晴らしとしてＳＮＳを使うことを否定するつもりもありません。

ただ、覚えておいていただきたいのは、明確な目的や戦略がないのに無理に始める必要はない、ということです。中途半端な知識しかない状態で、モチベーションが低いまま、何となくＸやＦａｃｅｂｏｏｋをやっていてもほとんど意味がありません。

そこで何らかのミスをしてしまったり、ネガティブなことを書いてしまったりすると、むしろ仕事に悪影響が出る可能性もあります。

周りがやっているからとか、流行っているからといった理由で、意味もなくＳＮＳに手を出す必要はないのです。

POINT

ＳＮＳは交流ツールと割り切る。

YouTubeの活用法

動画は効果的な集客ツールです。今ではスマホで動画の撮影や編集も簡単にできるようになっているため、誰でも気軽に始められるようになりました。

行政書士を含む士業の提供するサービスというのは、一般の人から見ると単価が高い上に、サービスの品質がわかりにくいため、初めて依頼する人は不安を感じるものです。

だからこそ、その不安を和らげるために、行政書士本人が顔を出して、動画で情報を発信することが効果的なのです。

動画で顔や姿かたちを出して、実際にしゃべっているところを見せるだけでも、ある程度の信頼を得ることができます。

もちろん、話している内容がわかりやすかったり、実用的だったりすれば、その説得力はもっと増すことになります。

動画を公開する場所としてはやはりＹｏｕＴｕｂｅが良いでしょう。最も多くの人に使われていて、人目に触れやすいからです。

また、YouTubeはGoogleの子会社であるため、Googleで検索したときにも検索結果に動画が表示されやすくなっています。

YouTubeで動画を公開するというと、登録者数や再生回数を増やすことで広告収入を得られるのではないかと思う人もいるかもしれませんが、行政書士がそれを考えるのは現実的ではありません。

行政書士のサービスを利用したい人の数は限られているので、どんなにがんばっても十分な広告収入を得られるほど爆発的に再生回数が伸びることはまず考えられません。

行政書士が売っている商品は、許認可申請手続きなどの業務そのものです。それを売るためのツールとしてYouTubeの動画を使えば良いのです。

動画を作るときの基本的な流れは、ブログ記事を作るときとほとんど同じです。動画を見てもらうためには、検索エンジンやYouTube内の検索機能で関連キーワードを検索したときにそれが表示されるようになっていなければいけません。

その流れを逆算して、行政書士業務に関して疑問点や悩みを持っている人がどういうキーワードで検索をするのかを考えて、そこに合わせた動画を作っていくようにしましょう。

どういう動画を作れば良いのかは、ほかの人の動画を見てみると何となくわかってきます。キーワードで検索をして、行政書士や他士業の方が作っている動画を見てみてください。他人の動画を見ると「この説明はわかりやすい」「この人は声が小さくて聞き取りづらい」「動画が長くて最後まで見ていられない」などといろいろなことを感じるはずです。

それを踏まえて、自分がどういう動画を作れば多くの人に満足してもらえるのかを考えるようにしましょう。

行政書士が動画撮影をするときに最も注意すべきなのは音質です。声が小さかったり、雑音がうるさかったり、音がこもっていたりして聞こえづらいと、見る人の満足度が下がり、悪い印象を与えてしまいます。

しゃべっているときに音楽などを流す場合には、音量のバランスにも注意しましょう。音楽が大きすぎてしゃべりが聞き取りづらいケースが目立つからです。

話す内容も大事ですが、まずはきちんとクリアな音声で撮影することを優先しましょう。

スマホなどで撮影する場合にも、マイクだけは外付けして、音質にこだわった方が良いです。映像はスマホでも十分な画質で撮れますし、行政書士が話しているだけの動画がそれほど高画質である必要はないので、そちらはあまり気にしなくても結構です。

個々の動画はそれほど長くしない方が良いでしょう。長いと最初から見てもらえなくなる可能性があります。せいぜい10分程度までに抑えておきましょう。

YouTubeにアップした動画は、埋め込みコードを使ってホームページやブログなどにそのまま貼り付けることもできます。

インターネット上で動画を気軽に作ったり見たりできるような環境が整ってきたのは、せいぜいここ10年程度のことです。行政書士でも動画を公開する人は増えてきましたが、まだまだ数は多くはありません。これから始めても十分つけ入るスキはあるはずです。

POINT
動画は最高の集客ツール。

4章

ホームページの作り方

集客ツールとしてのホームページの作成法

行政書士として開業するときにホームページを作ろうとするのなら、まずは何のために作るのかという目的をはっきりさせるようにしましょう。

ただ何となく作らないといけないような気がしているとか、とりあえず作っておこうかと思っているとか、その程度の考えしかないのであれば、無理に作らなくても良いと思います。

実際、行政書士業界ではホームページは必須のものとはされていません。

あなたが開業したばかりの新人行政書士だとしたら、支部の集まりなどで出会った行政書士の先生方の名前をネット上で検索したりして、その方のホームページを探してみてください。

そもそもホームページを持っていない人も何割か存在しています。

また、開業時に試しに作ってみただけ、という雰囲気の簡素なホームページしかない人もたくさんいます。

きちんと見やすくデザインされていて、コンテンツも豊富で作り込まれているようなホームページを持っている人は少数派です。

私は、そもそもホームページを作っていない方や、簡素なホームページしか持っていない方を否定するつもりはありません。そういう人の中には、私よりはるかに多くの知識や経験や顧客を持ち、精力的に活動されている先生方もたくさんいらっしゃいます。

そういう方々は長年の経験の中でホームページ以外の集客手段を確立しているため、ホームページを必要としていないのです。

ただ、これから開業される方がウェブでの集客を考えているのであれば、集客ツールとしてのホームページを作りましょう。

集客ツールとしてのホームページはどういうふうに作れば良いのかというと、大きく分けて2つのやり方があります。

1つは、コンテンツを充実させて、検索エンジンからの流入を狙う戦略です。3章で述べたように、ブログを作るのはこれに該当します。

ブログという形式ではなくても、ホームページの内容を充実させて検索からの流入を狙うのであれば、やることは同じです。

このやり方は間違っているわけではないのですが、コンテンツ作りにある程度の長い時間がかかるのと、成功するかどうかが読みづらいのが難点です。

何気なく書いたブログ記事が大量の問い合わせを獲得したりする可能性もある一方で、何百本も記事を書いても全く集客につながらない、ということもあるのです。

もう1つのやり方は、ランディングページ（LP）と呼ばれる集客用のホームページを作って、リスティング広告で集客をする方法です。

こちらの方法のメリットは、準備のための時間が短い上に、結果が出るまでが早いということです。単純に言うと、LPと呼ばれる集客用のホームページを1つ作れば良いだけなので、手間があまりかかりません。

また、広告費を払って集客をすることで、比較的本気度の高いお客様をたくさん集めることができるため、依頼につながりやすいです。

もちろん、広告やLPの設計を間違えると、広告費を費やしても依頼につながらないリスクもありますが、上手く活用すれば比較的結果は出やすいです。

いずれにせよ、早く作れて早く結果が出やすいという意味で、初めての方にはまずはこちらをおすすめします。私自身もリスティング広告を主な集客手段にしています。

POINT

リスティング広告の強みは即効性。

事務所のホームページは必要ない

行政書士開業者にありがちなのが、最初に自分の事務所を紹介するホームページを作ろうとすることです。具体的に言うと、事務所で扱っている業務、料金、事務所の所在地や連絡先などの基本的な情報がまとめられている名刺代わりのホームページです。

そもそも、行政書士がホームページを作るというと、そういうものしか思い浮かばない人も多いかもしれません。

しかし、結論から言うと、集客のためにはそのようなホームページを作る必要はありません。お金や時間に十分な余裕があれば、それを作っても構わないのですが、実はそれよりも優先的にやるべきことがあるのです。

それは、集客用のランディングページ（ＬＰ）を作ることです。リスティング広告をクリックするとそのページが表示されるようにしておいて、そこを見た人が問い合わせをしてくるようものを作れば良いのです。

事務所紹介のホームページがなくても、ＬＰさえあれば仕事は取れます。

そもそも、お客様の立場からすると、自分が見ているホームページがＬＰなのか事務所のホームページなのか、などということはあまり気にしていません。

自分の悩みを解決する方法がわかりやすく書かれていて、そこから問い合わせや依頼ができるようになっていれば、ホームページの形式は何でも良いのです。

あなたが商品を売りたいと思っているのなら、まずは人通りの多いところに店舗を構えて、商品を棚に並べれば良いのです。ＬＰとはそういう役割のものです。

POINT

事務所のホームページは後回しでいい。

ランディングページは業務特化型にする

それでは、ランディングページ（ＬＰ）の基本的な作り方について説明します。ＬＰがどういうものなのかイメージできなければ、実際の行政書士事務所のＬＰを見てみてください。

たとえば、「建設業許可　東京」など、主要な行政書士業務と地域名を組み合わせたキーワードで検索をしてみると、検索結果の上の方にリスティング広告が表示されます。「スポンサー」と書かれているのがリスティング広告です。

それらをクリックすると、多くの場合、行政書士事務所が作成したＬＰが表示されます。いくつか見てみると、それぞれ細かい違いはあるかもしれませんが、だいたい共通している基本的なフォーマットがわかるはずです。

たとえば、建設業許可に関するＬＰであれば、その申請手続きを頼みたいと思っているお客様に向けて、サービス内容が詳しく説明されていて、問い合わせ先などの必要な情報がまとめられています。そういうものを自分でも作る必要があるのです。

ＬＰを作るときに重要なのは、１つの業務に特化した内容にすることです。仮に、あなたが行政書士として入管業務を行いたいと考えているとしたら、入管業務全体に関するLPを作ってはいけません。

入管業務と一口に言っても、その中にはさまざまな種類の業務が含まれています。大きく分けると「就労ビザ申請」「配偶者ビザ申請」「永住申請」「帰化申請」などです。

このように取り扱う業務が複数ある場合には、それぞれの業務ごとにLPを作る必要があります。

複数のLPを作るのが面倒だからといって、それらをまとめたようなLPを作ってはいけません。

なぜなら、就労ビザの申請をしたいと思っている人は、配偶者ビザに関する情報は必要としていないからです。ページの中に余分な情報が含まれているとわかりづらいと思われてしまいます。

LPは、特定のキーワードで検索をしたときに表示されるリスティング広告からたどり着くようになっているので、キーワードに合わせて1つの業務に特化した内容にしなければいけません。

たとえば、「就労ビザ」関係のキーワードを検索したときに出てくるリスティング広告をクリックすると、就労ビザに関するLPが出てくる、というふうにすれば良いのです。

1つの業務ごとに1つのLPを作る、というのが鉄則です。いくつかの業務をやるつもりなら、LPは複数用意する必要があります。

しかし、最初から複数のLPを作ると、お金も労力もかかりますし、リスティング広告の運用や

ランディングページのイメージ

●●行政書士事務所
料金　ご利用の流れ　よくあるご質問
03-XXXX-XXXX
年中無休365日対応
メール相談
建設業許可を取得したい建設業者様へ
東京の建設業許可は
○○行政書士事務所に
おまかせください！
過去の取得実績
1,000件以上
完全
返金保証
リモート
相談可
建設業許可のことなら何でもお気軽にご相談ください！

管理をするのも大変です。

それを避けたいのであれば、まずは1つだけ作ってみるという手もあります。

しばらくは1つのLPを運用してみて、軌道に乗ってきたら、別の業務のLPを1つずつ増やしていけば良いのです。

POINT

1つのLPに1つの業務。

コンテンツは自前、デザインは外注

ランディングページ（LP）を作るときには、必ずプロのウェブ制作会社やウェブデザイナーに依頼して、しっかりしたものを作ってもらうようにしましょう。

あなたがその道のプロでない限り、自分で作ろうなどとは考えないでください。制作費を節約したいと考えて自分で作ろうとする人もいますが、ここは集客に直結する重要なところなので、きちんとお金をかけるべきです。

ホームページの見た目が安っぽかったり、文字が読みづらかったりすると、それだけでお客様が離れていってしまいます。

知り合いにウェブデザイナーやウェブ関係の仕事をしている人がいれば、まずはその人に相談してみると良いでしょう。親しい関係の人の方が、気軽に細かい相談をすることができるので、作業をスムーズに進められます。

自分で業者を探すのであれば、複数の相手に相談をして、事前に見積もりを出してもらうようにしましょう。

良いデザイナーを選ぶためのコツは、その人の過去の制作実績を確認することです。ウェブ制作会社と一口に言っても、それぞれ得意分野や専門分野が違ったりします。

士業のＬＰを作った経験があるか聞いてみて、もしあるのなら実際に作ったページを確認してみてください。そのデザインや内容が良さそうであれば、その人に依頼をしてみても良いでしょう。

料金について聞くときには、その金額で何をどこまでやってくれるのか、ということをしっかり確認するようにしてください。

通常は、最初にＬＰを作るための制作費がかかり、その後で実際にＬＰを運用し始めてから、修正をしたいところがある場合には、追加料金を払って修正をしてもらうことになります。

ＬＰというのは一度作ったらそれで終わりというものではなく、必要に応じて内容をどんどんアップデートしていく必要があります。

そのため、あとから修正をしなければいけないことはあるので、そのときにどのぐらい料金がかかるのか、というのは確認しておきましょう。

ウェブ制作会社によっては、最初の制作費を安めに設定しておいて、その後に運用管理費として毎月一定額がかかるという料金体系にしているところもあります。

その場合は、修正がなくても毎月固定費がかかる代わりに、いつでも修正をしてもらえるということになります。

しかし、行政書士事務所を運営する上では、固定費は極力減らした方が良いので、月額制のところはできれば避けるようにしましょう。

ちなみに、ウェブデザインは外注しても良いのですが、LPの中身の構成や文章に関しては、すべて自分で用意してください。

どういう情報をどういう順番で並べていくのか、どんなキャッチコピーを書くのか、どんな文章を書くのか、どんな写真を載せるのか、といったことはすべて自分で判断して決める必要があります。そこを他人に任せることはできません。

もちろん、プロのウェブデザイナーであれば、LPに関する一般的な知識は持っているので「料金表のページはこういう書き方をすると見やすい」といったことは相談すれば教えてくれるかもしれません。

しかし、彼らはウェブ制作のプロであり、行政書士業務のプロではありません。行政書士に仕事を依頼したい人が何を求めていて、どういう文章を書けばそういう人の心をつかめるのか、というのは行政書士自身が考えるしかないのです。

他人に外注できるのはLPのデザインの部分だけです。コンテンツはすべて自分で作るようにしましょう。

POINT

コンテンツは外注できない。

競合分析を徹底する

ランディングページ（LP）を作る前には、ライバルとなるほかの行政書士事務所のLPを一通りチェックしてください。

たとえば、東京で建設業許可の業務をやろうとしているのであれば、「建設業許可　東京」などというキーワードで検索すると、その業務を扱う行政書士事務所のリスティング広告がたくさん出てくるはずです。

そこからLPを1つ1つじっくり見ていって、どういう要素で構成されているのか、どういう書き方をしているのか、価格設定やデザインの印象など、いろいろな観点から分析をしてみてください。

全く同じ業務を扱っていても、LPのつくりにはそれぞれ細かい違いがあります。複数のページを調べて、その内容をExcelなどでまとめてください。

それぞれのLPのデータを入力した上で、個人的な印象や感想をそこに書き加えても構いません。

そうやって競合分析をすることで、それぞれの事務所のアピールポイントや強みが見えてきますし、「自分ならこういうページを作りたい」というイメージもわいてくるようになります。

また、ほかの事務所のＬＰを一通り見た上で、自分の事務所の強みは何なのか、ということを考えてみてください。

ライバルに対して「これだけは負けていない」と思える要素を見つけて、それをアピールするようなページを作りましょう。

ちなみに、ほかの事務所のホームページの内容を参考にするのは構いませんが、文章自体をそのまま真似してはいけません。当たり前のことですが、他人の著作権を侵害すると損害賠償請求の対象になったり、刑事罰を受けたりすることもあります。

業務やサービスに関する説明では、どうしても同じような内容を書くことになる場合もあるかもしれませんが、書き方や表現にはいくらでも工夫の余地があります。ホームページ内のすべての文章を自分の言葉で書くようにしましょう。

POINT

ライバルを徹底分析する。

ランディングページの競合分析

●キーワード「建設業許可　東京」の場合

	A 行政書士事務所	B 行政書士法人	C 行政書士事務所
キャッチコピー	東京の建設業許可はおまかせください！	最短最速！ 建設業許可のお悩みを解決！	格安の建設業許可をお約束します
全体の印象	・文章量が少なくて見やすい ・イラストが多くてわかりやすい	・行政書士本人の写真が多く使われている ・料金表がわかりにくい	・料金の安さをアピールしている ・一部の内容が古くなっている
料金体系	建設業許可 ・新規：165,000円 ・更新：110,000円 ・経審：165,000円	建設業許可 ・新規：132,000円 ・更新：不明 ・経審：不明	建設業許可 ・新規：110,000円 ・更新：88,000円 ・経審：132,000円
構成要素	・導入文 ・選ばれる5つの理由 ・料金表 ・お客様の声 …	・選ばれる7つの理由 ・手続きの流れ ・よくある質問 ・料金表　…	・導入文 ・料金表 ・手続きの流れ ・よくある質問　…

※この事例は架空のものです

スマホ対応は必須

ホームページを作るときに絶対に忘れてはいけないのは、ＰＣでもスマホでも問題なく見られるつくりにすることです。

ウェブの知識がない行政書士が自分でホームページを作ろうとすると、その点でミスをしてしまいがちです。自分が普段はＰＣで仕事をしているため、そのホームページをスマホで見る人がいることを想定できていないのです。

今の時代、ほとんどの人はウェブで情報を調べるときにスマホを使っています。

私の事務所のホームページも、だいたい半数以上はスマホから見られています。今後この割合は増えることはあっても、減ることはないでしょう。

スマホに対応していない形でホームページを作ってしまうと、スマホで見たときに文字が小さすぎたり、画面からページがはみ出たりしてしまいます。ホームページが見づらければ、お客様はすぐにそこから離れてしまうので大きな機会損失になります。

スマホに対応した形でホームページを作るというのは、普通のウェブデザイナーであれば、特に何も言わなくてもやってくれることもあります。ただし、指示を忘れるとやってくれなかったり、追加料金が発生したりする可能性もありますので、必ず発注時に確認するようにしましょう。

スマホ対応しているホームページのつくりのことを「レスポンシブデザイン」と呼びます。これは、サイトのデザインのレイアウトがＰＣ・スマホ・タブレットなどの端末ごとに自動で切り替わる技術のことです。

レスポンシブデザインが採用されているホームページはどんな端末でも見やすいようになっているので、必ずその形で作ってもらうようにしましょう。

ちなみに、たとえレスポンシブデザインであっても、スマホで見やすいホームページを作ることを優先すると、ＰＣで見たときにやや空白が多くなり、スカスカした感じに見えてしまう場合があります。

そういうときにはどうすれば良いかというと、基本的にはスマホでの見やすさを優先してください。ＰＣで見たときに多少スペースがあっても、見やすさが大きく損なわれることはないからです。

半分以上のアクセスはスマホから来るものなので、ＰＣよりもスマホで見られる方を優先的に考えるようにしましょう。

POINT
スマホでの見やすさを最優先。

ランディングページの基本要素

ランディングページ（ＬＰ）に必要な要素はだいたい決まっています。ほかの行政書士事務所のＬＰをいくつか見てみれば、基本的な構成がわかるはずです。

ここでは、それぞれの要素に関して注意すべき点を説明します。

行政書士の顔写真とプロフィール

行政書士の顔写真とプロフィールは必ず載せるようにしましょう。ウェブの情報だけを頼りに仕事を依頼するというのは、お客様にとっては不安なものです。

依頼相手の行政書士がどういう人なのかということがわかっていた方が、安心して問い合わせをすることができます。


顔写真は、はっきり顔が写っているものを用意してください。街角にある機械で撮れる証明写真のようなものではなく、プロのカメラマンが撮影した写真を使ってください。

真面目な顔よりも笑顔の方が親しみがわきます。特に男性は表情が硬くなりやすいので、大げさに笑うぐらいでちょうどいいです。

プロフィールの文章も重要です。ここでは、行政書士の仕事を始めた理由や、どういう志を持って仕事をしているのか、といったことを書くようにしましょう。

また、これまでの仕事歴、出身地、学歴、家族構成、趣味などの個人的な情報も書いておくと、意外なところでお客様が食いついて、親近感を持ってくれることがあります。

行政書士はお堅い仕事だと思われやすいので、個人的な趣味やプライベートに関することを書くことでその印象を和らげることができます。

ただし、細かいことをダラダラと長く書く必要はありません。

当事務所が選ばれる5つの理由

ＬＰでは、自分の事務所の強みを簡潔に伝えることが重要です。そのためには「当事務所が選ばれる5つの理由」など見出しをつけて、箇条書きでセールスポイントを紹介するのが効果的です。

項目数は5つでないといけないというわけではなく、3つでも7つでも構いません。

開業したばかりの人は、行政書士としての知識や経験がないので、自分にはアピールできるようなことがないと思われるかもしれませんが、決してそんなことはありません。

強みとして打ち出すのはそれほど特別なことではなくても構いません。

たとえば、土日は休みにしている事務所が多い中で、自分の事務所は土日でも問い合わせを受け付けるということにすれば、それだけでも強みになります。

また、「ＬＩＮＥでの問い合わせも可能」「Ｚｏｏｍなどのオンラインツールでも相談可能」といったサービスを売りにするという手もあります。

さらに言えば、「個人事務所だから大手の事務所よりもフットワークが軽い」などと、ちょっとしたことを強みに見せるという手もあります。考え方次第で強みはいくらでも作れます。

これは、お客様が１つ１つの強みをじっくり読んで検討するようなものではありません。いくつかのセールスポイントが並んでいて、何となく信頼できそうだということが伝われば、それだけで十分なのです。

手続きの流れ

初めて行政書士に業務を依頼しようとしている人は、そもそもどういうふうに手続きを進めれば良いのか、ということをわかっていない場合があります。

そのため、大まかな手続きの流れはあらかじめ書いておくと良いでしょう。

お客様から行政書士事務所に問い合わせがあった場合、そこからどういうふうに業務が進められるのかということを、段階ごとにまとめておきましょう。

それぞれの段階で、どういう手続きが行われるのか、お客様は何をすれば良いのか、ということを具体的に説明してください。

また、料金の支払いはどの段階で発生するのか、手続きにはどの程度の時間がかかるのか、といったお客様が知りたいと思われることは必ず書いておくようにしましょう。

料金表

料金表は重要です。料金のことはお客様が最も知りたいと思う情報の1つだからです。料金だけを見て複数の行政書士事務所を比較して依頼先を選ぶ人もいます。

料金表を作るときのポイントは、料金をわかりやすくはっきり明示することです。原則として消費税込みの総額料金を書いておくようにしましょう。


通常は、同じ手続きであっても、内容次第で追加料金が発生することもあり、料金をはっきり決められないことが多いものです。

そのため、事務所によっては「在留資格変更許可申請：10万円〜」などと、「〜」という表記をしているところもあります。

しかし、この書き方はなるべく避けましょう。基本的に、お客様は高い料金をふっかけられるのではないかと警戒心を持っています。「〜」と書かれていると、表示金額にとどまらず、いくらでも価格を釣り上げられる印象を与えてしまいます。

おすすめしたいのは、追加料金が考えられる場合であっても、料金表では「10万円」などと定額で書いておくことです。

そして、欄外などに「手続きの種類や難易度により追加料金が発生する場合がありますので、個別にお見積もりさせていただきます」と注釈を入れておきましょう。

これだと「10万円〜」と意味は同じになりますが、ぱっと見で与える印象は大きく変わります。

また、どういう場合にどのくらい追加料金が発生するのかということを、基本となる料金表とは別のところにまとめておくという手もあります。

料金表を作るためには価格を決めなければいけません。ウェブで集客をする場合には、同じ業務でリスティング広告を出しているほかの事務所の料金を調べて、その相場に合わせるというのが大原則です。

相場より大幅に高い料金にしてしまうと、料金を比較されたときに不利になります。

一方、相場より安い料金にすると依頼が殺到するのではないかと思われるかもしれませんが、実際にはそこまで劇的な効果はありません。

たとえば、料金を相場の半額にするなら、相場通りの事務所よりも2倍の件数を受任できれば売上が同じになりますが、そこまで件数が伸びることは期待できません。

また、そもそも単価を下げると同じ売上をあげるための業務量が増えてしまうので、極端な値下げは得策ではありません。

価格は相場と同じくらいか、相場よりも少し安めに設定しておくのが無難です。

よくあるご質問

お客様によく聞かれるようなことをあらかじめQ＆A形式でまとめておくと、その点について改めて質問される手間を省くことができます。

実際に電話やメールで問い合わせを受けるようになると、お客様が疑問に思うことや質問してくることはだいたい共通していることがわかります。そういうことを書くようにすれば良いのです。

ただし、これはあくまでもほかの項目で説明しきれないことをフォローするためのものなので、なければいけないわけではありません。最低限必要なことは、それぞれの項目の中で説明が完結していることが望ましいです。

たとえば、料金に関してお客様から疑問が出そうなところがあるのであれば、「よくあるご質問」の中にその説明を入れるのではなく、初めから「料金表」の項目で説明しておくべきです。

お客様の生の声

お客様の生の意見には計り知れないほどの価値があります。なぜなら、行政書士がホームページの中でどんなにがんばって自分のアピールをしても、その内容が本当に信頼できるかどうかは見ている人にはわからないからです。

それよりも、実際に仕事を依頼した人の感想を読む方が、客観的な意見なので説得力があると感じられます。口コミの評価はどんなキャッチコピーよりも強力です。

実際の業務が完了したら、その時点でお客様に感想をもらえないかどうか聞いてみてください。できれば直接会うときに申し出ると良いでしょう。

ホームページに載せる際には、それが本物のお客様の声であると信じてもらうことが重要なので、写真や動画で顔を出してもらったり、名前や会社名を出してもらえるのがベストです。

ホームページ上に顔写真や名前が載ることには抵抗を持つ人も多いかもしれませんが、毎回声をかけていれば協力してくれる人もいずれ見つかります。

匿名の意見だと信頼度は格段に下がりますが、それでも載せないよりは良いので、たとえ匿名でも感想は集めるようにしましょう。

ちなみに、開業したばかりでまだお客様がいない段階ではどうすれば良いでしょうか。その場合には、友人知人からのちょっとした相談などを受けたことがあれば、そういう人から感想をもらっておくと良いでしょう。

どんな感想でも何もないよりはマシです。ただし、あまりにも中身が薄いと信頼度が下がるので、ある程度は具体的な相談内容を書いておくようにしましょう。

「お客様の声」はLPの中でもよく見られるところであり、依頼するかどうかの決め手になる場合も多いので、必ず用意するようにしましょう。

営業時間、営業日

営業時間と営業日はわかりやすく書いておきましょう。電話で問い合わせをする場合、お客様はどの時間帯なら電話をかけても良いのか、というのを気にします。何時から何時まで営業しているのかを明記しましょう。

平日の日中は営業するのが基本ですが、何時から何時までにするか、土日も営業するかどうか、というのは各自の判断になります。

私の場合、最初は夜でも土日でも問い合わせを受けるようにすれば、ほかの事務所と差別化ができるのではないかと考えたのですが、実際にはほとんどの問い合わせは平日の日中に来るので、あまり意味がありませんでした。

ただ、電話と違って、メールはいつでも受けることができます。お客様が営業時間外だからと遠慮してメールを送るのをやめるということがないように「メールの問い合わせはいつでも受け付けています」と書いておくと良いでしょう。

事務所の地図と行き方

ほとんどのお客様は事務所での面談を希望されます。事務所の地図は必ず載せておきましょう。イラストなどでも良いのですが、Ｇｏｏｇｌｅマップのデータを貼っておいた方が親切かもしれません。

単に地図や住所を載せるだけでなく、最寄り駅から徒歩で何分かかるのか、といったことも書いておきましょう。

道順や建物の入口がわかりづらい場合には、写真を載せて行き方を詳しく説明しても良いでしょう。

対応エリア

行政書士は、基本的には日本全国の業務を受けることができます。ただし、オンラインで完結する業務でない限り、申請や面談などで自分自身が動く必要があるため、ターゲットとする地域はある程度限定しておいた方が良いでしょう。

「東京都・神奈川県・埼玉県」などと、対応している地域を書いておきましょう。お客様から見ても、実際に会いに行ける場所にある事務所の方が、依頼をしやすいと思うはずです。

リスティング広告で集客をする際には広告を出すエリアを指定できます。その出稿エリアと対応エリアは一致させるようにしましょう。

無料相談の有無

手続き自体は有料で行うものですが、手続き以前の段階の相談を無料にするか有料にするかは事務所によってさまざまな考え方があります。

基本的にはどちらでも良いのですが、ここは重要なテーマなので詳しく説明します。

まず、ほかの行政書士事務所のＬＰを見ると、相談は無料だと書かれているところがほとんどであることに気付くはずです。

なぜなら、無料と書いておかないと、最初に電話をかけたりメールを送ったりしただけでお金を取られるのではないかとお客様が警戒心を抱き、問い合わせを見送ってしまう場合があるからです。

そうならないように相談は無料であることを強調しておく、というのが1つのセオリーです。

しかし、ここに罠があります。無料というのを強調しすぎるとどうなるかというと、必ずと言っていいほど無駄な問い合わせが増えます。

行政手続きに関して何かわからないことがあるときに、それを無料で教えてくれるのではないかと思って、気軽に連絡をしてくる人が大量に現れるのです。

これにどう対処するのか、というのが悩ましい問題になります。

実際に手続きを依頼しようと考えている人が、その前段階でいろいろ質問したいことや確認したいことがあるというのなら、何を聞いてもらっても構いません。

しかし、そもそも依頼をする気は全くないのに、無料だからという理由で気安く連絡をしてくる「聞くだけ客」が存在するのです。

これにはどう対処すれば良いかというと、はっきりした正解はありません。おそらく、どこの事務所もこれに関しては苦労されているようで、よく見ると問い合わせフォームの作り方や「無料相談」の書き方にも工夫をされているのがわかります。

行政書士の知識は一種の財産であり、聞きたいだけの人に軽々しく伝えるようなものではありません。本来、無料で何でも答えてあげる義務はないのです。

電話でタダで質問に答えてほしいだけ、という態度があまりにも見え透いている場合には「そのような具体的なご相談は有料で受け付けていますが、どうされますか？」というふうに尋ねて、やんわりと断るようにしましょう。

問い合わせフォーム（電話・メール）

問い合わせフォームは、電話とメールの両方で連絡ができる状態にしておくことが望ましいです。手っ取り早いからすぐ電話をかけたいというタイプの方もいれば、電話で話すのは煩わしいからメールで連絡したい、というタイプの方もいます。どちらにも対応ができるように両方を用意しておきましょう。

メールフォームを利用する場合には、メールが確実に届くかどうか、そこからメールを送るとどういう通知が来るのか、といったことを確認しておきましょう。

動画

動画は行政書士事務所の信頼を高めるのに効果的です。基本的な手続きの流れを説明したり、よくある疑問に答えたりするような動画をYouTubeで公開して、それを埋め込みコードを使ってホームページにも貼り付けておきましょう。

ブログ

ブログを書いているのであれば、ランディングページ内にブログへのリンクも張っておくと良いでしょう。ブログの情報量が多ければ、そのことで信頼度が上がります。

POINT

各要素を徹底的に作り込む。

ファーストビューが一番重要

ランディングページで最も重要なのは、ページを開いたときに表示される一番上の部分（ファーストビュー）です。その瞬間の見た目の印象が良くなければ、お客様はほんの数秒でそのページから離れていってしまいます。

いわば、ここは飲食店でたとえるなら店舗の外観にあたる部分です。外から見たときに嫌な臭いがしたり、不潔そうな感じがしたら、その飲食店に入りたいと思う人はいないでしょう。デザイン、写真やイラスト、文字の内容や大きさ、配置など、細かいところにまで十分気をつけるようにしましょう。

最も重要なのはキャッチコピーです。一言であなたが提供するサービスの内容をわかりやすく説明してください。

ポイントは、誰にどういうサービスを提供しているのかをはっきりさせることです。

たとえば、「企業の経営者様・人事担当者様」に対して「外国人の就労ビザ申請をサポートします」などと書けば良いのです。ターゲットを明確にして、その人に向けてどういうサービスを提供しているのかを明記しましょう。

人間の目は左から最初に見る習性があるので、キャッチコピーは左側に配置すると良いでしょう。

ファーストビューを考える上で重要なのは、ＰＣとスマホでは見え方が違うということです。デザイナーからデザイン案を受け取ったら、必ずＰＣとスマホの両方で見た目をチェックして、キャッチコピーなどの必要な要素がすべて見えるようになっているかを確認してください。

POINT

勝負は一瞬で決まる。

信頼感を与えるためのポイント

何度も繰り返していますが、ランディングページ（ＬＰ）作りで重要なのは、お客様に信頼感を与えることです。

お客様は自分の問題を解決してくれる行政書士事務所を真剣に探しています。ＬＰの内容を見て「ここは信頼できる」と思ってもらえるからこそ、仕事を任せていただけるのです。

信頼を高めるためには、誤字脱字やデザインの不備などの単純なミスをなくすようにしましょう。文章は何度も何度も読み直して、場合によっては他人にチェックしてもらって、基本的な間違いやわかりづらいところがないようにしてください。

文章の内容で気をつけたいのは、法律用語など一般的にはわかりづらいような表現をなるべく使わないようにする、ということです。

「在留資格認定証明書」などの専門的な言葉を使わないとうまく説明できないこともあるかもしれませんが、そういう場合にはその用語の意味も丁寧に説明するようにしてください。

また、自分の強みを積極的にアピールして、自分の弱みやマイナス要素はなるべく出さないようにするということも大事です。

たとえば、開業したばかりだということがお客様に伝わると信頼されにくいかもしれません。その場合、開業したばかりであることについてわざわざ言及する必要はありません。それよりも自分の強みとなる部分を強調するようにしましょう。

学歴、職歴、事務所の特徴など、お客様から見て好印象を与えるような要素があれば、それを積極的に打ち出していくようにします。

わざわざ悪い印象を与えるようなことを書く必要はありません。一語一句に気を抜かず、スキのないページ作りをしてください。

LPを作るためには、それなりに手間も時間もかかります。ウェブデザイナーとの細かいやり取りも必要です。

しかし、そこをサボって中途半端なホームページを作ってしまうと、なかなか依頼が来なかったり、悪い印象を広めてしまったりすることになるので、結果的には大きなマイナスになります。

リスティング広告はお金がかかるので無駄打ちはできません。LPの準備を万全にしてから広告を出すようにしましょう。

POINT

スキのないページ作りをする。

5章

リスティング広告の活用法

リスティング広告の基本的な仕組み

リスティング広告とは、検索したキーワードに合わせて表示される「検索連動型広告」のことです。

インターネットで調べものをするとき、多くの人はＹａｈｏｏ！やＧｏｏｇｌｅなどの検索エンジンを利用します。検索窓に自分が欲しい情報に関するキーワードを入力すると、関連性が高いと思われるホームページのリンクが一覧表示されます。

その検索結果の画面には、キーワードに関連するホームページのリンクが関連度の高い順に表示される仕組みになっています。

しかし、それとは別に「スポンサー」などと書かれたリンクがページ最上部などに表示されることがあります。これがリスティング広告です。

リスティング広告は検索結果として自動的に表示されているものではなく、広告主が自主的に広告費を払って載せているものです。

リスティング広告を出している側は、自分がどのキーワードで広告を出すのかを自由に選択することができます。

自分が扱うサービスを必要としている人は、どういうキーワードで検索するのかということを考えて、その人に向けてピンポイントで広告を出すことができるのです。

たとえば、東京で建設業許可の仕事をするのなら、「建設業許可　東京」「建設業許可　行政書士」といったキーワードを検索した人に対して広告を出すことが考えられます。

リスティング広告では、クリックされて自分のホームページが表示されるたびに料金が加算されることになります。キーワードが検索されて広告が表示されても、クリックをされなければ広告費はかかりません。

たくさんクリックされると、その分だけどんどん広告費がかかることになりますが、それは悪いことではありません。

クリックされた数だけお客様があなたのホームページを訪れて、そこを見ているということになるからです。

その中の何割かが、ホームページの内容を見た上であなたに仕事を依頼してくれれば良いのです。

リスティング広告を運用するためには、以下のような準備が必要です。

・ランディングページを作る
・広告を出す検索キーワードを考える
・広告文を作る
・広告の設定をする

ランディングページの作り方はすでに4章で解説したので、本章ではそれ以外のところについて説明します。

POINT
検索する人を狙うのがリスティング広告。

リスティング広告

Search
建設業許可　東京
スポンサー
kensetsu-kensetsu-xxx.com
https://www. kensetsu-kensetsu-xxx.com
東京の建設業許可取得はおまかせください
東京都・埼玉県の**建設業許可**専門の行政書士事務所。最短最速で許可取得をサポートします。
料金表・当事務所の特徴・よくある質問
スポンサー
kensetsu-gyousei-shoshi.com
https://www. kensetsu-gyousei-shoshi.com
【許可取得率 100%】安心の建設業許可専門事務所
丁寧なヒアリングと納得の料金。皆様の**建設業許可**をお手伝いします。
当事務所が選ばれる理由・サービスと費用・問い合わせ
リスティング広告
東京都都市整備局
https://www.toshiseibi.metro.tokyo.lg.jp > kensetsu
建設業許可 - 東京都都市整備局
建設業許可申請・届け出．申請書類の記入方法、その他詳細については…
通常の検索結果

リスティング広告の始め方

リスティング広告を出せるのはＹａｈｏｏ！とＧｏｏｇｌｅの2つです。それぞれ「Ｙａｈｏｏ！広告」「Ｇｏｏｇｌｅ広告」と呼ばれるサービスがあります。

Ｙａｈｏｏ！とＧｏｏｇｌｅはそれぞれにユーザーがいるので、できれば両方やるのが理想的ですが、その分だけ予算もかかるし、管理する手間も2倍になってしまうため、どちらか一方だけでも構いません。

1つに絞るのであれば、現時点では個人的にはＧｏｏｇｌｅをおすすめします。キーワードによって多少は差があるかもしれませんが、Ｇｏｏｇｌｅの方が表示回数やクリックされる回数がやや多く、その分だけ依頼につながりやすい傾向があるからです。

Ｙａｈｏｏ！広告とＧｏｏｇｌｅ広告は、設定画面のつくりや細かい用語などが少し違いますが、基本的な仕組みはほぼ同じなので、だいたい同じような感覚で運用をすることができます。

リスティング広告に関する細かい設定や運用の方法については、本書ではあえて解説しません。Ｙａｈｏｏ！やＧｏｏｇｌｅの意向で仕様や設定は少しずつ変わっていくため、それを書いてもすぐに内容が古くなってしまうからです。

ここではリスティング広告全般に関する仕組みや運用のコツについて簡単に解説します。

基本的な操作方法や設定方法に関しては、Ｙａｈｏｏ！やＧｏｏｇｌｅに問い合わせればすぐに丁寧に教えてもらえます。リスティング広告を運用して広告費を支払ってくれるユーザーは彼らにとっても上客なので、手厚くサポートしてもらえます。

POINT

リスティング広告業界はＹａｈｏｏ！とＧｏｏｇｌｅの二強。

キーワードを設定する

リスティング広告の設定をする前に、まずは集客のためのランディングページを作ってください。これができていない段階では広告を出すことはできません。

Ｙａｈｏｏ！やＧｏｏｇｌｅのアカウントを持っていない人はアカウントを作成する必要があります。

それからリスティング広告の設定画面を開いてください。最初に設定しなければいけないことはいろいろありますが、最も重要なのが広告を出すキーワードを決めることです。

キーワード選びの基本的な考え方は、そのサービスを求めているお客様がどういう単語で検索をするのかを想像することです。最初は思いついたものを手当たり次第に書き出してみても良いでしょう。

そこから絞り込みをしたり、特定の単語に別の単語を組み合わせたりしながら、候補となるキーワードを選んでいきましょう。

キーワード選びで行き詰まったら「キーワードプランナー」や「ラッコキーワード」といった無

料ツールを使うのもおすすめです。1つのキーワードに組み合わせられるキーワードをリストアップしたり、キーワードごとの検索数を調べたりすることができます。

また、そのキーワードに需要があるかどうかを確かめたい場合は、検索エンジンで実際に検索をしてみてください。

検索結果の画面にほかの事務所のリスティング広告が表示されているのであれば、そのキーワードが有効である可能性が高いと判断できます。

仕事につながる可能性が高い重要なキーワードの場合、多くのリスティング広告が表示されます。それだけ需要があるということです。

実際に運用してみると、最初のうちは思ったほどクリック数が伸びないものなので、キーワードは多めに仕込んでおきましょう。

少し時間が経てば、クリックされやすいキーワードと全く見られずクリックもされないキーワードがあることがわかってきます。

そもそも行政書士の業務は、弁護士や税理士に比べるとマーケットが狭いため、検索する人の数もそこまで多くありません。だからこそ、最初のうちは多めにキーワードを選んでおくようにしましょう。

キーワードごとに「マッチタイプ」の設定ができます。これは非常に重要です。

マッチタイプとは、登録したキーワードに対する一致の度合いによって広告を出す範囲を決められる仕組みのことです。マッチタイプには「完全一致」「フレーズ一致」「部分一致」の3種類があります。

結論から言うと、リスティング広告を出すときにはマッチタイプは必ず「完全一致」にしてください。

完全一致というのは、登録したキーワードそのものを検索した人だけに広告を出すということです。それが当たり前だろうと思われるかもしれませんが、「フレーズ一致」や「部分一致」にすると、登録したキーワードだけではなく、それに関連したキーワードを検索した場合などにも広告が表示されます。

そうすると本来ターゲットにしていない人にまで広告を出すことになるため、広告費の無駄遣いになってしまいます。

キーワードのマッチタイプはすべて「完全一致」にしておきましょう。

POINT

「完全一致」以外は使わない。

入札単価を上げてトップ掲載を狙う

登録する各キーワードに関して、1クリックごとの広告費（入札単価）を設定することができます。

原則として、リスティング広告はオークションのような入札制になっていて、広告費の金額が多ければ多いほど、検索画面で上位に表示される可能性が上がります。

厳密にはそれだけで決まるわけではないのですが、ここでは概要をつかんでいただくためにあえて説明を簡略化しています。

基本的には、最初に表示されるものが最も見られやすくクリックされやすいので、すべてのキーワードに関して一番上に表示されることを目指すべきです。

広告管理ツールを使うと、キーワードごとの入札単価のだいたいの相場がわかります。最初はそれに基づいて入札単価を決めてください。

広告を出し始めたら、実際にキーワードで検索をしてみて、自分の広告が何番目に表示されているのかを確認してください。

上位に表示されていないようであれば、入札単価を上げてみましょう。

ただし、依頼につながりやすい人気キーワードの場合、上位表示のための入札単価が高すぎることもあります。

そういうキーワードを狙うと、単価が高すぎて割に合わないこともあるので、その場合は無理にそのキーワードに広告を出さないで、ほかのところで勝負するという手もあります。

広告を出しながら入札単価を調整していれば、だんだん要領がわかってくるはずです。

POINT

上位表示を狙う。

広告文は複数用意しておく

リスティング広告として表示される広告文は、クリック率に直接影響するのでしっかり考える必要があります。

広告文は見出しと説明文に分けられます。文字数に制限があるため、短い言葉でまとめなければいけません。

基本的には「どういうサービスを提供しているのか」「どういう強みがあるのか」というのを考えて、それを盛り込むようにします。できれば見出し部分に両方が含まれているのが望ましいです。

また、その分野に関するキーワードを必ず入れるようにしましょう。たとえば建設業許可の業務を扱っているのであれば、「建設業許可」というキーワードは見出しに入れておく必要があります。

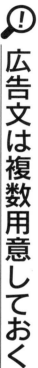

ただし、広告文に関しては、字数が限られていることもあり、どの事務所も似たような感じになりがちではあるので、ほかの事務所のリスティング広告を調べて、それを参考にするのも有効です。

もちろんそのまま真似してはいけないのですが、見出しの書き方や情報の取捨選択などは参考にできる部分が多いはずです。

広告文は何パターンか用意しておきましょう。なぜなら、複数の広告文を作っておけば、ランダムに両方が表示されて、そのうちクリック率が高い方が優先的に表示されるようになるからです。そういう仕組みがもともと用意されていて、どの広告文が良いのかは運用して確かめられるようになっているので、こちらであれこれ悩む必要はありません。

複数の広告文を運用していれば、自然にクリック率が高いものが残るようになっているのです。

POINT

ベストな広告文はお客様が決める。

1カ月の予算を決めておく

リスティング広告を出すときには、広告を表示する地域と曜日・時間帯を設定できます。地域は都道府県単位で設定できたり、「東京都港区から半径10㎞目以内」のように、地理的な場所として設定することもできたりします。

広告を出す曜日と時間帯も決められます。年中無休で早朝から深夜まで広告を出し続けても構わないのですが、事務所の営業時間内に絞り込んでおくと、営業時間外に電話で問い合わせが来る可能性を減らせます。

次に、予算の決め方について説明します。1つのセオリーとしては、月にいくら稼ぎたいかを考えて、それに合わせて予算を設定しましょう、などということが言われます。

たとえば、1件10万円の在留資格の業務を月に6件取れれば60万円の売上になります。この60万円を稼ぐために、広告費としてその25％の月15万円を使おう、などと考えるということです。

しかし、個人的にはこのような予算の決め方はおすすめできません。そもそも、月に何件ぐらい受任できるのかはやってみないとわからないようなところもあるため、最初に決められるものではないからです。

「月に○本仕事を取りたい」「月に○○万円の売上をあげたい」といったことを漠然とした目標として掲げるのは構わないのですが、実際にその通りになることはほとんどないと考えてください。

予算を設定するときには、単純に自分がどのぐらいまでお金を費やせるのか、ということから考えましょう。

広告費というのは、最初のうちは投資のような感覚で使わなければいけません。つまり、戻ってこないかもしれないが、それを承知で損をする覚悟で使うべきだということです。

たとえば、月に6万円を広告費として設定したとします。実際に始めてみると、最初の1カ月は全く仕事を取ることができず、6万円全額が無駄になってしまうかもしれません。

そういう事態を最初から覚悟しておいてください。そうでないと、過度に動揺したり焦ったりして、計画が狂ってしまいます。

もちろん、手持ち資金が減ってしまって焦る気持ちはわかります。しかし、広告費は必要経費として使っているものなので、そこで動揺してはいけません。

広告費に対して成果が出ていないのであれば、キーワードの選別をやり直したり、キーワードごとの予算を見直したり、ランディングページ（LP）のキャッチコピーや文章を変えたり、いろいろ試行錯誤をしてみれば良いのです。

リスティング広告というのは、そうやって少しずつ調整しながら運用していくものなのです。だから、最初から過度な期待は禁物です。

1つの考え方としては、上手くいかなかったときの「撤退ライン」を決めておく、という手があります。

たとえば、あなたが広告費として使ってもいいと思える金額の上限が60万円だとします。そして、1年間で結果が出なかったらリスティング広告を出すのはあきらめる、と考えているとします。

その場合、60万円を12カ月で割ると月5万円になるので、1カ月につき5万円が基本の予算ということになります。

リスティング広告では、1日ごとの予算の上限を設定できます。毎日広告を出すのであれば、5万円を30日または31日で割った金額が1日の予算ということになります。

クリックされるごとに課金されていって、設定した上限に達すると、そこからは1日が終わるまで広告は表示されなくなるため、予算以上にお金が使われることはありません。

こうやって広告を運用していって、1週間や1カ月ごとに数字を見直すようにします。広告費は何円かかって、何回クリックされて、何回問い合わせが来て、何件受任できたのか、といったことをデータとしてまとめてください。

その上で、リスティング広告の内容を見直すのか、ＬＰを修正するのか、予算を増やすのか減らすのか、といったことを考えていきましょう。

POINT

撤退ラインを決めて戦う。

最初の1件を受任するまで続ける

リスティング広告を始めるときには「何があっても最初の1件を受任するまでは続ける」という覚悟を持ってください。なぜなら、最初の案件を受任しないと何も始まらないからです。

たった1件でも受任ができれば、それだけで自信がつくし、実績になります。リスティング広告で仕事を取れるということが体感できれば、あとはそれをどう続けていくか、ということを考えられるようになります。

一番良くないのは、少ない予算で始めてみて、仕事が取れないとすぐにあきらめて撤退してしまうことです。

それをやってしまうと、それまでに費やした広告費が無駄になるだけではなく、ランディングページを作ったり、さまざまな準備のためにかけたお金や労力がすべて無駄になってしまいます。

あらゆる手を尽くしても結果が出なかった場合には撤退するしかないのですが、何もしてないうちにあきらめてはいけません。

たとえ受任に至らなかったとしても、それなりに広告がクリックされていて問い合わせが来ているのであれば、キーワードの選定や広告文や広告料金などの基本的な設定に間違いはないということとなので、しばらく粘ってみましょう。

粘れない理由としてよくあるのは「お金が一方的に減っていくのが不安」と「単なる問い合わせばかりで依頼に結びつかない」の2つです。これらの点について、どう考えれば良いのかをあらかじめ説明しておきます。

まず、お金が減って不安だというのは、ある程度は慣れていくしかありません。最初に広告費として使ってもいい金額を決めていて、計画どおりにそれを使っているのであれば、その分のお金は全部なくなっても仕方がないと割り切って、淡々と運用していきましょう。

そして、問い合わせばかりでなかなか受任に結びつかないというのは、そもそもそういうものなので、あまり気にすることはありません。

問い合わせをしてくるお客様の全員が、すぐに依頼をしてくれるわけではありません。単に何かを聞きたいだけの人や、詳しい話を聞いてみて、いろいろ比較検討してから依頼するかどうかを決めよう、といった考えの人もいます。

リスティング広告で集客をする場合、不特定多数の人を相手にすることになるので、ある程度の確率でそういう問い合わせが来てしまうのは避けられません。それは仕方ないことだと割り切って、依頼が来るのを待ちましょう。

ちなみに、そういうときに注意したいのは、なかなか依頼が来ないことに焦って、要件を満たしてない案件や、怪しげな案件を引き受けてしまうことです。これをやってしまうと、あとあとトラブルになったりするので、絶対にやってはいけません。

最後に、そもそもリスティング広告がクリックされていないどころか、キーワードがほとんど検索もされていなくて見られている形跡がない、ということがあります。

その場合には、残念ながらターゲットとする地域でその仕事の需要がないのかもしれません。

そもそも需要がない場合には依頼が来ることもないので、そういうときには取り扱う業務を見直すか、リスティング広告以外での集客を考えた方が良いかもしれません。

POINT

最初の1件ですべてが変わる。

結果が出たら徐々に広告費を上乗せする

何件か受任ができるようになったら、1カ月などの単位で広告費に対してどのくらいの売上があがっているのかを確認してみてください。たとえば、1カ月につき5万円の広告費で10万円の売上があったのなら、「広告費：売上＝1：2」ということです。

この場合、広告費を増やしていけば、同じような割合で売上も増える可能性があります。

そういうときには広告費を少しずつ増やしてみてください。たとえば、月の予算を5万円から10万円に上げるとしましょう。

そこで10万円の広告費に対して20万円の売上があがったら、さらに広告費を上乗せしてもいいかもしれません。広告費を増やした分だけ売上も増える可能性があります。

広告費を増やし続けても、売上にはいずれ限界が来るでしょうし、実際にはこんなにきれいに広告費に比例して売上が伸びることもありません。

ただ、売上があがっているのであれば、少しずつ広告費を上げていくというのは試してみた方が良いでしょう。

最初は、そもそもリスティング広告で売上があがるかどうかわからないので、広告費に大金を投じることには抵抗があるでしょう。

しかし、実績ができると、広告を出すと仕事が取れるということが実感できるので、思い切ってお金を使えるようになります。

すると、それに合わせて売上も増えていきます。こうやって売上をどんどん伸ばしていけば良いのです。

POINT

広告費アップで売上アップ。

広告費に対して売上が少ない場合

しかし、このように最初から上手くいくとは限りません。広告がクリックされていて問い合わせも来ているのに、広告費に対して売上が少ない状態が続くようであれば、何らかのテコ入れをする必要があります。

キーワードの選択や入札単価を見直したり、ランディングページの構成や内容を修正したりしてみましょう。そして、売上が広告費を上回る状態になるまで何とか粘ってみましょう。

その過程で少しでも仕事が取れているのであれば、そのことを前向きに捉えてください。なぜなら、お客様がいない状態よりも、お客様が1人でもいる状態の方が良いからです。

行政書士は基本的に単発の業務で終わることが多いのですが、お客様自身とは長い付き合いになります。

一度受任して、仕事をしっかりやったのであれば、お客様の心理としては、また同じような案件があったときに同じ行政書士に頼みたいと思うものです。

なぜなら、新しい行政書士を探したり、選んだり、価格を比較検討したりすることにはコストがかかるからです。

行政書士を変えても、同じように満足の行くサービスが提供されるとは限りません。それなら、一度依頼したことがある人にまた頼もう、と思うものです。

特に依頼主が会社の経営者であれば、1つの案件で業務が完結することはほとんどありません。会社経営では行政書士の業務が求められる場面も多いため、何かと相談してもらえるような関係になることもあります。

さらに言えば、お客様が別のお客様を紹介してくれることも結構あります。

そのように考えると、1件の案件を受任するということには、計り知れない価値があるのです。

ここを見誤ってはいけません。

最初のうちは、広告費がどんどんかかる割に業務が単発なので、売上が安定せずに不安になるかもしれません。

しかし、業務を続けていれば、お客様からの信頼は少しずつ積み上がっていくものです。リピート案件の場合、信頼されているところから始まるので話が早く、こちらもお客様の内情がわかっているので、次の手続きもスムーズに進められます。

こういうお得意先を増やしていきながらリスティング広告の運用も続けていけば、徐々に売上も安定してくるでしょう。

POINT

売上が広告費を上回るまで粘る。

6章

問い合わせ・相談・受任のポイント

問い合わせの準備を万全にする

あなたの作ったランディングページとリスティング広告がある程度しっかりしたものであれば、広告を出しているとそのうち電話やメールで問い合わせが来るようになります。

問い合わせが来れば、目的の半分は達成したようなものです。あとはそれに対応して、仕事を受任できるようにすれば良いのです。

ただ、見知らぬ人からの問い合わせを受けて、仕事を依頼してもらえるようにするためには、ちょっとしたコツのようなものがあります。本章ではそれについて解説します。


まず、電話での問い合わせに対してきちんと受け答えができるように、事前の準備をしっかりしておきましょう。

リスティング広告を出している時間帯には、いつでも電話に出られるようにしておいてください。事務所を離れていて出られない状況がある場合には、転送電話などのサービスを利用するという手もあります。

電話に出られなかった場合にも、着信履歴は残るようにしておいて、すぐにかけ直すようにしましょう。かけ直すのが早ければ早いほど、出てもらえる可能性は上がります。

自分が扱う業務に関しては、調べられることは全部調べておいて、何を聞かれても答えられるようにしてください。

さらに、どういう受け答えをするのかということもあらかじめシミュレーションしておきましょう。

たとえば、電話に出るときの第一声で何を言うのか、ということはあらかじめ決めておきましょう。「はい、○○行政書士事務所です」といった普通のフレーズで構いません。第一声を決めておかないと、とっさに言葉が出なかったりして悪い印象を与えてしまいます。

その後にどういう質問をするのか、どういうふうに話を聞くのか、どういうふうに依頼に持ち込むのか、といったこともある程度考えておきましょう。

何回か電話を受けていれば、お客様がどういうことを聞いてくるのか、どういう情報を求めているのか、どういうふうに会話を進めていけば良いのか、といったことも自然にわかってきます。

POINT
電話はすぐに出る。

メールの問い合わせには電話をかける

ホームページを見たお客様からメールで問い合わせがあった場合には、原則としてメールで返事をしてはいけません。メールを受け取ったらすぐに電話をかけるようにしてください。そこで躊躇する必要はありません。連絡先の電話番号が書いてあるのなら、基本的には電話をしても構わないということです。

お客様がどうしても電話が嫌だと思っているのであれば、断られるかもしれませんが、そんなことはめったにありません。

お客様の立場としても、普通は問い合わせの内容にすぐに答えてもらえる方がありがたいので、電話での連絡は歓迎されます。

なぜ電話をかけてきたのかと聞かれたら「細かい事実確認をさせていただきたいので、お電話でご連絡を差し上げました」などと説明すれば良いのです。

電話で話してみると、メールの文面だけでは伝わらない相手の状況や気持ちがわかります。単に聞きたいことがあるだけなのか、仕事を依頼したいと思っているのかというのも、話せばすぐにわかります。

メールが来たら電話をかける。電話が来たら直接会う。そうやってなるべくお客様との距離を縮めていくことを意識してください。お客様との距離が近づくほど、依頼をしてもらえる可能性も高くなります。

POINT
電話をかけて距離を縮める。

会って相談するように持ち込む

問い合わせをするお客様が「すぐにでも仕事を依頼したい」とおっしゃっている場合には、そのまま受任をしてしまっても構いません。

でも、そうではない場合には「まずは事務所で詳しいお話を聞かせていただけませんか？」と申し出て、直接会う約束を取り付けるようにしましょう。

なぜなら、電話やメールで相談しているだけでは、直接会っていなくて不安だから依頼したくないと思うお客様もいるからです。

また、直接会うことを提案してみるのは、お客様の本気度を確かめる意味もあります。

わざわざ時間を取って事務所まで足を運ぶというのは、お客様も本気で依頼したいと考えているということです。初めから仕事を頼む気がなく、ただ質問をしたいだけなら、わざわざ事務所まで出向くはずがありません。

もちろん、面談の場所は事務所でなくても構いません。お客様が自分の会社に来てほしいと考えているのであれば、こちらから出向いても結構です。そこは先方の希望に合わせれば良いのです。

POINT

直接会えるなら受任できる。

問い合わせの9割はハズレ

ホームページを見た人からの問い合わせに関して、身もふたもない言い方をすると「問い合わせの9割はハズレ」です。これをわかっていないと「問い合わせはたくさん来るのに仕事がなかなか取れない」という状況を失敗なのだと思い込んで、仕事が取れないままあきらめてしまうことになります。

それは決して失敗ではありません。ウェブで集客をする場合、すべての問い合わせが仕事につながるとは限りません。むしろ、ほとんどの問い合わせは仕事にはつながらないものなのです。

これは、不特定多数の人から問い合わせが来るウェブの仕組み上、避けられないことです。

そこは割り切って、大量に来る問い合わせの中から仕事につながるものが1件でも2件でもあれば、まずは上手くいっているのだと前向きに考えるようにしてください。

仕事につながらない問い合わせの代表例は、以下のようなものです。

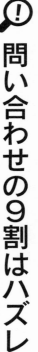

疑問点を聞きたいだけである

電話口で「相談したいことがある」と言っているが、話を聞いてみると、自分が知りたいことを尋ねているだけで、こちらに手続きを依頼しようとする気がない場合です。問い合わせの大半はこのパターンです。

こういう問い合わせが来たら、まずは依頼につながる可能性があるかどうかを冷静に判断してください。そして、どうやら依頼する気がないということがわかったら、その時点で丁寧に断りを入れるようにしましょう。

そもそも要件を満たしていない

依頼する気はあっても、そもそも許可のための要件を満たしていなければ、受任をすることができません。これは事前にわかることではないので、少し話してみて気付くことです。

許認可に関する相談が来たら、まずはいくつかの質問をして、基本的な要件を確認してください。そして、要件を満たしていないのであれば、それでは許可が取れないということを説明しましょう。

何らかの対策をすることで許可が取れる見込みがあるのなら、どうすれば許可が取れるようになるのかを説明して、準備ができたら改めて相談してもらうようにしてください。

違法なことを持ちかけてくる

違法行為をするのはもちろん論外なのですが、ときどきこういうケースに出くわすことがあります。要件を満たしていないので許可は取れないということを説明した後で「何とかなりませんか？」と食い下がってくる人の中には、こういうタイプの人がいます。

何度も説明しているのにわかっていないような素振りを見せる人は、こちらが法律を破って依頼を受けてくれることを期待しています。

当然ながら、そのような依頼を受けてはいけません。こういうときには毅然とした態度で、違法なことにはかかわらないことを明言して、きっぱりと断るようにしましょう。

人として怪しいところがある

これは感覚的な話になるのですが、何となく言動が怪しい感じの人というのは存在します。説明を求めたときに、事実を隠したり、嘘をついたりしているような素振りがある人のことです。

また、それ以外でも、やたらと偉そうだったり、強引だったり、話を理解しようとしなかったり、感情的になったり、しつこく値切ってきたりして、人間的に怪しいとか信頼できないと感じるような要素があった場合には、依頼を断るのが無難です。

もちろん、行政書士法では、正当な事由がなければ依頼を断ってはいけないことになっていますが、明らかに怪しい言動が見受けられる場合に、それを断るのは間違ったことではありません。

一度依頼を受けてしまったら、よほど特別な事情がない限り、それを途中でやめることはできません。その仕事をやっている間は関係が続きます。そこで新たな問題が発覚した場合に大きなトラブルに発展することがあります。


私自身も、過去にちょっとしたトラブルに陥ったケースでは、相談の段階でいろいろと怪しいところがありました。いま振り返ると、その時点で断っておけば良かったのです。

幸いにも、違法行為に手を染めてしまったり、大きなトラブルに発展したりすることはありませんでしたが、対応には苦労しました。

お客様と話していて、少しでも怪しいものを感じたら、無理に仕事を受けようとはしない方が良いでしょう。

特に最初の頃は、何が何でも仕事を取りたいと焦っていたりして、ついつい判断が甘くなってしまうことがあります。

そうならないように、常に心に余裕を持って、相手の態度や発言などを冷静に見極めるようにしましょう。

POINT

ハズレ客を避ける。

「今すぐ客・検討客・そのうち客・聞くだけ客」を区別する

問い合わせをしてくるお客様は、その人がどのぐらい本気で仕事を依頼しようと思っているかによって、大きく4つに分けられます。

今すぐにでも依頼したいと思っている人は「今すぐ客」、ひとまず話を聞いてから考えてみようと思っている人は「検討客」、まだ依頼する気はないがひとまず相談だけしたいと思っている人は「そのうち客」、そもそも依頼する気はなく疑問に思うことを聞きたいだけの人は「聞くだけ客」と呼ぶことにします。

お客様がどれに当てはまるかというのは、問い合わせの内容や話し方で何となくわかってきます。それぞれについて、どういう特徴があるのか、どういう対処をすべきなのかを解説します。

今すぐ客【期待度：100%】

依頼したいことが決まっていて、一刻も早くそれを頼みたいと思っている人です。このタイプは受任につながる可能性が最も高い上客です。

「今すぐ客」は、単純に目の前にある問題を解決したいと思っているので、それができるということをこちらから示すことができれば、すぐにでも受任ができます。

ただ、当然ながら、どんな案件でも受けられるわけではないので、相談内容について詳しく聞いたり、要件を確認したりして、問題がなければ受任をするようにしましょう。

検討客【期待度：50％】

依頼するかどうかはまだ決めていないが、依頼する可能性もある状態で問い合わせをしてくる人です。

このタイプの人は、何らかの気になるポイントがあって、それが理由で依頼するのを躊躇していることがほとんどです。

たとえば、「価格が高すぎる」「追加で高い料金を請求されるのではないか」「ちゃんとやってくれるのか不安」といったことです。何か気になることがあるからすぐに依頼はできない、ということが多いのです。

このタイプの人には、依頼する意志を確認した上で「何か気がかりなことはありますか？」などと、引っかかっていることが何なのかを直接確認すると良いでしょう。

答えてくれない場合もありますが、言ってもらえたときには、そのことについてきちんと順序立てて冷静に説明をしてください。それで信頼されれば、依頼してもらえることもあります。

ちなみに、「検討します」などと言っていったん電話を切ってしまった場合には、再び連絡が来ることはほとんどありません。

一度電話を切ってしまうということは、そこまでの説明で満足せず、依頼をするのはやめようと思っている可能性が高いのです。切られたらその時点でほとんど縁はないと思ってください。

だからといって無理に引き止めてはいけません。最終的に依頼するかどうかは相手に委ねましょう。一度電話を切った人からまた連絡が来る可能性もゼロではありません。

そのうち客【期待度：10％】

そのうち依頼をするかもしれないが、まだ現時点ではそうするつもりがないというタイプです。一見すると「検討客」と似ていますが、検討客は話の持って行き方次第では依頼してくれる可能性があるのに対して、そのうち客が依頼をしてくれることはほとんどありません。

もちろん、お客様である以上、最低限の礼儀は必要ですが、このタイプにはあまり時間をかけてはいけません。依頼につながらないので効率が悪いからです。

このタイプに当てはまるケースは、少し話しているとすぐにわかります。あまり細かいことについて語りたがらなかったり「まだ決まっていない」「それは考えていない」などと曖昧な答え方をする場合には、そのうち客の可能性が高いです。

こういう人に対しては、依頼するつもりがあるかどうかを確認するのがおすすめです。そこで曖昧な答えを返してくるようなら、話を打ち切ってこちらから電話を切っても構いません。

このタイプにはあまり長くかかわらないようにすることが大事です。

聞くだけ客【期待度：0％】

何か疑問点があってそれを聞きたいだけで、初めから仕事を依頼するつもりは全くない人です。これも要注意です。

ウェブで広告を出して問い合わせを受ける場合、大半はこのタイプなので、このタイプだとわかった瞬間に、できるだけ早く話を切り上げるように心がけましょう。

質問にもあまり詳しく答える必要はありません。手短に話を終わらせてください。

「このタイプの人でも、あとで依頼をしてくれる可能性がゼロではないんだから、丁寧に対応した方がいいんじゃないの？」と思われる方もいるかもしれません。しかし、ほとんどの場合、それは間違いです。

なぜなら、無料で何でも気軽に答えてしまうと、相手はこちらを「無料で何でも答える人」と見なして、また同じように質問をしてくることがあるからです。

はっきり言ってしまうと、ホームページを見て無料で質問をしてくるような人は、優良顧客になる見込みはほとんどありません。

本当に真剣に相談したいことがある人は、相談料を払ってでも相談したいと思っているものです。

「具体的なご相談は有料で受け付けていますが、どうされますか？」と言うと、聞くだけ客は必ず断ってきます。このフレーズは覚えておくと良いでしょう。

POINT

お客様の本気度を見極める。

面談前の準備

電話やメールで面談の予定を決めたら、面談に臨む前に準備をしておきましょう。お客様に対しては、持ってきてもらうものがあれば事前に言っておいてください。

ご本人の話と事実が食い違っていることもたまにあるので、事実関係を確認するために、入管業務であればパスポート、在留カード、卒業証明書、雇用契約書など、重要な情報が載っている書類は持ってきてもらうか、メールなどで事前に見せてもらうようにすると良いでしょう。

面談の前には、面談をどういうふうに進めるのか、入念にシミュレーションをしましょう。特に最初のうちは、慣れないと何を話せば良いかわからなくなったりするので、準備が欠かせません。

重要なのは、許認可の要件について確認することです。要件を満たしていなければ、そもそも受任をすることができないからです。

面談の現場では、要件を確認するのが主な目的です。どういう順番でどういう話を聞けば良いのか、というのをしっかり考えておいてください。

説明のために見せたり渡したりした方が良い資料があれば、事前に準備しておきましょう。

図表などで説明する必要があれば、そういうものを資料としてあらかじめ用意するか、現場で書いて説明ができるように筆記用具と紙などを持っていくと良いかもしれません。

POINT

面談は徹底的に準備する。

面談で気をつけること

面談の際に気をつけるべきことをまとめておきます。

面談場所はなるべく事務所にする

面談は、事務所に来てもらうというのが大原則です。先方の希望があれば、先方の会社や都合の良い場所に出向いても良いのですが、事務所に来てもらうので良ければ、その方が効率的です。

1日に複数の面談予定が入っている場合、場所が変わると移動だけで時間を取られてしまうからです。なるべく事務所に来てもらうようにしましょう。

もちろん、自宅事務所などでどうしてもお客様を招くことができないのであれば、相手のところに出向いても構いません。

場合によっては、お互いの都合の良い場所を選んで、喫茶店やファミレスなどで面談をしても構いません。その場合には、お客様が道に迷わないようにわかりやすい場所を選ぶようにしましょう。

また、最近では、Ｚｏｏｍなどのオンラインツールでの面談を希望される場合もあります。お客様のご都合に合わせて、そういうものにも対応できるようにしておきましょう。

専門用語を使わない

行政書士になったばかりの人は特に、何気なく難しい法律用語や専門用語などをお客様の前で使ってしまうことがあります。それはなるべく避けるようにしましょう。

専門用語は一般の人には伝わりません。伝わらないような話し方をすると信頼度が下がります。専門用語はなるべくわかりやすく言い換えて、普通の人にも通じるような言葉を選びましょう。どうしても専門用語を使わないといけない場合には、必ず意味を説明しながら使うようにしてください。

知ったかぶりをしない

お客様は何を聞いてくるかわかりません。何気ない質問に対して、その場ではっきり答えがわからないことがあります。こういうときに、当てずっぽうで適当なことを答えたり、言葉を濁したりするのは禁物です。

こちらがいい加減なことを言っても、相手は「専門家の言っていることだから正しいんだろう」と考えます。それで誤解を生んだり、トラブルを招いたりすることもあります。行政書士の職業倫理としても、いい加減なことを言うべきではないでしょう。

わからないと思ったら、正直にわからないと言うのも大事です。言い方を間違えなければ、そこで信頼を失うことはありません。

「申し訳ありませんが、その件については今すぐにはお答えできません。こちらで調べてあとからお返事します」などと答えれば良いのです。

それで「無知な人だな」などと思われることはまずありません。むしろ、わからないことはわからないと素直に認めることで、正直で信頼できる人だと思われることもあります。

また、相談を受けるときには業際にも注意してください。たとえば、税務に関する相談は税理士の独占業務なので、どんなことを聞かれても気安く答えてはいけません。ほかの士業の専門分野には立ち入らないようにしましょう。

こちらから質問をして話を進める

面談のときにこちらが何も準備をしていないと、お客様の方からいろいろ話してきます。そして、話が長く続いたり、要領を得なかったりすると、こちらから質問をして、再び要点を聞き出したりしなくてはいけません。

そうなると話がスムーズに進まなくて効率が悪いので、なるべくそのパターンに陥らないようにしましょう。

そういうふうになる主な原因は、こちらが「今日はどうされましたか？」「ご相談内容はどういったことですか？」などと、大雑把な質問をしてしまうことです。

こういう質問をすると、相手は何を求められているのかはっきりわからないので、好き放題に長々と話してしまいます。

それを避けるためには、こちらから具体的な答えが返ってくるような質問をして、客観的な事実や状況を確認するようにしましょう。

たとえば、こんな感じです。


「はじめまして、行政書士の◯◯です。お電話でうかがった話では、◯◯株式会社に就職をするために就労ビザを取りたいということでしたね。まずはパスポートと在留カードを拝見してもよろしいですか？」

こんなふうに自分から具体的な質問をして、答えてもらいながら、基本的な要件を確認するようにしましょう。そして、要件を満たしていることが確認できたら、手続きの流れを説明していけば良いのです。

ペラペラと話すのが好きな人もいるので、話を止められないこともあるかもしれませんが、基本的には行政書士側が主導権を握って会話を進めることを心がけてください。

手続きの流れを説明する

お客様が依頼をしようと考えている場合でも、手続きの流れについて何の説明もないと不安になります。なぜなら、初めて依頼する人の場合、行政書士がどういうことをやってくれるのかがわからないからです。

そのため、面談では「当事務所に手続きを依頼していただけたら、こういう形でサポートを行います」ということを説明するようにしましょう。

具体的には、手続きの流れを一通り伝えた後で、それぞれの段階でお客様にやっていただく必要があることを説明します。そして、行政書士側がどういう作業をするのかも述べていきます。

さらに、料金を支払うタイミングや支払いの方法などもしっかりと説明してください。

そうやって丁寧に手続きの流れをたどっていくと、お客様の不安が解消されて依頼をしていただけるようになります。

料金の説明ははっきりと

料金に関することはお客様が最も気にしている部分です。基本料金などはホームページにも書かれていたりするものですが、何らかの名目でそれ以上の高額な料金を請求されるのではないか、などとお客様は警戒しています。

その警戒心を解くために、料金についてはわかりやすくはっきりと説明をしましょう。見積書をその場で作って見せても構いません。あらかじめ作っておいても結構です。

事前の見積もりで料金がわかっていれば、お客様の不安は解消されます。ここをはっきり言わないと、何かごまかしていることがあるのではないか、などと疑われてしまいます。

料金体系はなるべくわかりやすくすることが肝心です。作業内容によっていくつかのコースに分かれている場合には、それぞれにどのような違いがあるかを説明しましょう。

また、交通費、郵送費などの必要経費もすべて基本料金に含まれているのか、それらは別途請求されるものなのか、といったことも細かく説明するようにしてください。

料金について1つだけ注意点を言うと、原則として値引きをしてはいけません。値引きをすると受任しやすくなるのではないかと考える人もいるようですが、決してそんなことはありません。

値引きを持ちかけてくる人は、それ以外のことでも何かとクレームをつけたりすることも多く、お客様として問題があることも多いので、毅然とした対応が必要です。

値引きをしてはいけないもう1つの理由は、同じお客様が再び依頼をしてくることもあるからです。一度でも値引きをしてしまうと「この行政書士はいつもこの金額でやってくれるんだ」と判断されます。そして、次に別の手続きをするときでも、当然のように値引きを期待されたりします。意味もなく値引きを続けるのは経営上の大きな損失になります。

自分が決めた価格設定に自信を持って、堂々と正規の金額を受け取るようにしましょう。

依頼するかどうかを確認する

一通りの説明が終わったら、その時点で「手続きの依頼をされますか？」というふうにお客様の意志をはっきりと確認してください。ここで曖昧な聞き方をすると、自信がなさそうだと思われたり、迷っているときに断る口実を与えてしまうことになります。

ここでのポイントは、依頼するかどうかはお客様が決めることであり、こちらから無理に売りつけようとしてはいけない、という考えを持つことです。

基本的に、お客様は初めて会って相談をする行政書士を前にして「強引に契約を結ばされるのではないか」と警戒をしています。もちろんそうではない人もいますが、多かれ少なかれそういう気持ちはあるものです。

そもそも行政書士の業務というのは、無理に売りつけたりするような性質のものではありません。お客様が自分の意志で、自分の問題を解決するために依頼をしようと思ってするものなのです。だから、無理に売りつけたり、買ってほしいという態度を表に出したりしてはいけません。

もちろん売上をあげたいという気持ちはわかりますが、それが表に出てしまってはプロ失格です。淡々とした態度で依頼するかどうかを確認してください。


仮に、お客様が即答しなかったり、要件は満たしているはずなのに依頼しようとしない場合には「何か気になっていることはありますか？」などと質問をして、お客様が依頼を躊躇している理由を聞き出して、それを解決してあげるようにしましょう。

疑問点が解消されれば依頼をしてもらえたりします。こちらには些細なことであっても、お客様は気にしている場合もあるので、相手の話にきちんと耳を傾けるようにしましょう。

また、この時点で「検討します」などと回答を保留されることもありますが、その場合にも深追いは禁物です。「決定権のある社長や上司に聞いてみないとわからない」といった理由で、その場ではっきり回答ができないこともあるからです。

その場合は、判断できるだけの材料を与えた上でじっくり考えてもらうようにしましょう。

POINT

無理に売り込まない。

7章

こんなときどうする? Q&A

Q 自分で調べてもわからないことがあるときはどうすればいいですか？

A 先輩の行政書士に相談しよう。

行政書士の仕事をしていて、法律や手続きについてわからないことがある場合には、まずはできる限り自分で調べるようにしましょう。法律に関することであれば、条文を参照したり、関連する書籍や役所が発行している資料などにも目を通すようにしましょう。

また、手続きに関することは、役所に直接問い合わせるという手もあります。大抵の場合、日本の役所はとても親切なので、電話をすれば大抵のことは丁寧に教えてもらえます。

しかし、それでもわからないことがあったり、解決しなければいけない問題がある場合には、相談できる先輩の行政書士を作って、その人に聞くと良いでしょう。

もちろん、その方にも都合があるので、何でも気軽に聞いたりしてはいけません。自分なりに調べたり、試行錯誤したりした上で、どうしてもわからないことや対応に迷うことがあった場合に、経験豊富な先輩にアドバイスを求めるようにしましょう。

行政書士の業務では、すべてが法律の条文通りに進むわけではありません。法律に書かれていないことは経験知に頼るしかない部分があります。

先輩行政書士が経験に基づいて親身になって助言をしてくれれば、それが助けになります。

いざというときに相談するためには、そのときだけ連絡するような関係になってはいけません。日頃から関係性を保つことを意識しておきましょう。

開業する段階で相談できる相手を確保しておくことも大事です。

セミナーや実務講座などに参加した場合には、その講師の方と関係ができることがあります。また、行政書士の支部の集まりなどがあれば、そこで知り合った方と仲良くなることもできます。いろいろな形で人との縁を作って、それを仕事に生かしていきましょう。

Q お客様から違法なことを持ちかけられたらどうすればいいですか？

A 毅然とした態度で断ろう。

お客様が違法なことを持ちかけてくる場合があります。たとえば、入管業務であれば、外国人を雇用して、在留資格「技術・人文知識・国際業務」で肉体労働をさせる、といったことです。

そういうことを持ちかけられた場合には、とにかく毅然とした態度できっぱり断ることが重要です。迷っていたり、曖昧な答えを返したりすると、相手は強気になってくることがあります。

一般の方の中には、遵法精神に欠ける人がいて「バレなければいいだろう」というような感覚で、軽い気持ちで違法行為に手を染める人がいます。行政書士は法律の専門家であり、重い責任を負っているので、そういうことには一切かかわってはいけません。

そもそも、そういうことを言う人は、ほかのことについてもいい加減だったり、問題があったりすることが多いので、相談や依頼を受けない方が良いかもしれません。

たとえ違法なことをしなくても、あとあとトラブルに発展するケースもあります。君子危うきに近寄らず、というのが鉄則です。


また、もう1つ注意しなければいけないのは、違法と気付かずに、知らず知らずのうちに道を踏み外してしまうことがあることです。

特に、業際問題ではこれが発生することがあります。典型的な事例では「これは他士業の独占業務だからやってはいけない」というふうに感覚的にわかることが多いのですが、イレギュラーな案件の場合、知識がないと業際に触れてしまうことがあります。

そうならないようにするためにも、行政書士法を頭に入れた上で、他士業の独占業務についても理解を深めて、気になることは必ず調べて確認する習慣をつけてください。

Q　入管業務をやるには英語ができないといけないですか？

A　英語力は不要。中途半端な語学力は役に立たない。

入管業務をやるには、外国人とかかわるので、英語や中国語などの外国語ができないといけないと思っている人もいるかもしれません。これは間違いです。

実務に入ってみるとわかりますが、入管業務を依頼するような外国人の大半は、すでに日本で生活をしていて日本語が話せる人がほとんどなので、外国語を使わなければいけない機会はそこまで多くはありません。

もちろん、日本語があまり話せない外国人の方から相談を受けることもありますし、外国語が話せる人はいないのかと尋ねられることもあります。そして、語学ができないとそういう客層を逃すことになります。

しかし、そういう人の割合はそれほど多くはありません。また、入管業務の場合、外国人を雇う企業からの依頼も多いです。その場合は相手は日本人なので、外国語を使う必要もありません。

もちろん、英語などの外国語が話せると有利になる場面はあります。しかし、中途半端な語学力は仕事の役には立ちません。

たとえば、私自身も、大学受験レベルの基本的な英語力はあるので、英語の文章を読んだり、英語で道を聞かれたときに答えたりする程度のことはできます。

しかし、行政書士の業務で必要になるのは、もう少し高度な語学力です。交渉をしたり、事実確認をしたり、契約を交わしたり、といったことを外国語で日本語と同じように行うためには、それなりの語学力と実務経験が必要です。中途半端な語学力では役に立たないのです。

入管業務のために英語や中国語を必死で学ぼうとする必要はありません。それよりも日本語で円滑に仕事を進められるようにすることを優先してください。

Q リスティング広告の運用を業者に外注してもいいですか？

A あまりおすすめはできない。業者は当たり外れが激しい。

自分でリスティング広告の運用をするのは大変なことです。労力も手間もかかるし、知識も必要です。そして、必死でやったところで、すぐに結果が出なかったりもするし、定期的にメンテナンスをしたり、改善をしたり、地道な作業が求められます。

それが嫌なので最初から外注したい、と思う人もいるかもしれません。リスティング広告の運用を代行してくれるような会社はたくさんあります。

そういうところに頼りたくなる気持ちはわかりますが、個人的にはあまりおすすめはできません。なぜなら、行政書士業のリスティング広告というのは、個人の限られた予算の範囲内で行われるものであって、もともとの予算が企業の広告ほど多くはないので、外注することでその費用がかさむリスクの方が高いからです。

また、行政書士業というのは特殊な業界なので、その業界の特性を理解した上で、効果的なサービスをしてくれる広告代理店はそれほど多くはありません。

基本的な運用はしてくれると思いますし、それだけでも何も知らない素人がやるよりは良いものになる可能性もありますが、それなりにお金はかかりますし、それが続くと、個人で運営する行政書士事務所には過大な負担になります。

依頼をするのなら、あらかじめ期間を決めたり、改善したい点を明確にした上で、失敗する可能性も考慮して、相談を持ちかけてみるという手はあります。しかし、くれぐれも過度な期待は禁物です。

ちなみに、リスティング広告を出していると、それを見た広告代理店からの営業電話が頻繁にかかってきます。電話やメールで売り込みをしている時点で悪質な業者であることは間違いないので、そういうものはすべて無視してください。

Q 仕事が増えたら人を雇って組織化をするべきでしょうか？
A 組織化はしてもしなくても良い。リスクを踏まえて決断しよう。

行政書士の中には、個人で開業している人と、人を雇って組織化をしている人がいます。業務量が増えて1人ではさばき切れないようになってきたら、人を雇うことを検討してみましょう。

しかし、必ずしも組織化をすれば良いというものではありません。人を雇うと人件費もかかるし、その人に業務を教えたり、失敗をフォローしたりする手間もかかります。

事務所のスタッフが1人から2人になったとしても、業務効率が2倍になるわけではありません。特に最初のうちは1人でやっていたときよりも効率が悪くなる可能性も高いです。

ただし、組織化して事務所の規模をどんどん大きくしていって、経営を軌道に乗せることができれば、自分がいなくても組織が回るようになり、自由に使える時間が増えるかもしれません。

一方、個人で仕事を続けることにも多くのメリットがあります。具体的には「人件費などの余分な経費がかからない」「事務所の移転や事業撤退が簡単」「即断即決できる」「気楽である」といったことです。

結局、人を雇うかどうかは個人の考え方次第です。好き嫌いや向き不向きもあるので、どちらが正解ということはありません。

行政書士を開業する時点で、将来どちらの道を目指すのかを何となくイメージしておくと良いでしょう。

Q 仕事でミスをしてしまった場合、どのように対処すれば良いでしょうか？

A すぐに謝罪して解決へと動き出す。

行政書士も人間なので、どんなに気をつけていてもミスをしてしまうことはあります。

ミスが判明したら、まずはお客様に対して自分の非を認めて謝罪をしましょう。そして、今はどういう状況なのか、これからどういう対処をするつもりなのか、ということを説明しましょう。

重要なのは「きちんと謝ること」と「すぐに動くこと」です。逆に言うと、はっきり謝らないことと すぐに動かないことは厳禁です。

ミスをしてしまったときに、それを隠そうとしたり、ごまかしたりしてはいけません。お客様に報告するのが気まずいからといって先延ばしにしていると、ますます状況は悪くなります。

自分の非を認めて迅速に対応していれば、そこまで責められたり怒られたりするようなことはほとんどありません。お客様は自分が依頼した業務を最後まで責任を持って遂行してほしいだけだからです。

ただし、何らかのトラブルがあっても、自分に非がないなら気安く謝ったりしてはいけません。謝罪をすると責任を認めたことになってしまい、それが新たなトラブルの火種となることもあります。

Q　お客様の説明が事実と違うことがあとから判明したら、どうすれば良いでしょうか？

A　お客様の話を鵜呑みにせず、客観的な事実に基づいて対応する。

業務を進めていると、お客様の話していたことが事実とは違うことがあとから判明する場合があります。そういうときには、改めて事実関係を確認して、客観的な書類などの証拠に基づいて業務を行うようにしましょう。

そもそも、お客様の話をすべて鵜呑みにしてはいけません。お客様は法律の専門家ではないので、行政書士から見ると重要な事実を話していなかったり、あえて隠していたり、間違った理解をしていたりすることがあります。

お客様の話だけを信じて動き出してしまうと、何か問題があったときに取り返しのつかないことになってしまいます。

お客様の話はしっかり聞いた上で、自分の目で公的書類などを見て事実関係を確認することを忘れないようにしましょう。


また、あとから判明した事実によって業務の手間が大幅に増えてしまう場合、追加料金を請求しても良いかどうか、という問題があります。

これに関しては、そのときの状況次第で柔軟に対処するべきです。事実を確認していなかったことについて、行政書士の側にも責任があるのなら、追加料金を請求することには理解が得られないかもしれません。

しかし、お客様が意図的に不都合な事実を隠していたりするのなら、追加料金が発生することを伝えても良いでしょう。

Q　最初に決めた業務単価が割に合わないと感じてきたら、価格を上げても良いでしょうか？

A　価格は上げられるだけ上げた方が良い。

価格設定は経営の根幹にかかわる重要な問題です。しかし、多くの人は最初に安い価格設定をしてしまい、一度決めた価格をなかなか上げることができません。

なぜなら、価格を上げると依頼が減ってしまうのではないかと不安になるからです。

また、行政書士のように形のないサービスを提供する仕事では、最初のうちは業務に手応えがなく、なかなか自信を持てないため、高い値段をつけることに心理的抵抗を感じるからです。

実際に業務を進めていると、1つの手続きに対してどのぐらいの労力がかかるのかということがわかってきます。そして、この作業をするのにこの価格では割に合わない、などと感じるようになります。

そう思ったときには、思い切って価格を上げてみても良いでしょう。実際のところ、価格を多少上げても、そのことで依頼が大幅に減ってしまうことはありません。

特に、一度依頼をしている方が再度の依頼をしてくる場合には、価格を上げたことを伝えても、そのままやってほしいと言われることがほとんどです。

とにかく、価格を上げようとすると自分の中で心理的な抵抗が働くというメカニズムを理解してください。その上で、自分が妥当だと思える範囲で一番高い価格に設定すると、結果的にちょうど良いところに落ち着くはずです。

Q 「ドローン飛行許可申請」などのマイナーな業務を専門にしても大丈夫でしょうか？

A 特別な事情がない限りはおすすめしない。

行政書士業務の中には、「建設業許可」「風俗営業許可」「入管業務」「遺言・相続業務」のように多くの行政書士が手がけているメジャーな業務もあれば、扱っている人があまりいないマイナーな業務もあります。

開業時にはなるべく専門分野を絞り込んだ方が良いのですが、最初からマイナーな業務を選ぶのはおすすめできません。

なぜなら、ほとんどの場合、マイナーな業務は社会的なニーズが少なく、十分な量の依頼を受けることが難しいからです。

メジャーな業務を専門にしている行政書士が多い理由は、そのサービスを必要としている人がたくさんいて、依頼や相談が絶えないからです。

「ライバルとなる先輩行政書士がたくさんいる分野では自分が勝てる気がしない」と思うかもし

れませんが、それは誤解です。

メジャーな業務を専門にしている人が多いということは、それだけ圧倒的なニーズがある証拠です。そのサービスを求めている人は限りなく存在するので、新規参入をしてもやり方次第でいくらでも仕事を得ることはできます。


ちなみに、マイナーな業務を絶対に専門にしてはいけないと言っているわけではありません。過去にその業界で仕事をしていて人脈や経験を持っている場合など、何らかの勝算があるならば、あえてマイナーな業務を選んでも構いません。

ただ、それでも、行政書士としてやっていけるだけのニーズが存在しなければ業務継続は不可能なので、その分野にどのくらい需要があるのか、事前にしっかりリサーチすることを忘れないでください。

Q 開業セミナーは受けた方が良いですか？
A 受ける場合は事前リサーチと復習をしっかり行う。

行政書士の世界では、各予備校や行政書士の先生方が、これから開業する人に向けたセミナーや研修会を行っています。そこでは実務に関する知識などを学ぶことができます。

私自身もそのような開業講座を受講したことはありますし、セミナーの講師を務めたこともあります。そういうものの意義を全面的に否定するつもりはありません。

しかし、「何となく不安だ」とか「何もしないよりはマシだろう」といった理由で、深く考えずに受講することはおすすめしません。なぜなら、開業セミナーを受けるには時間もお金もかかるので、そのコストに見合う成果が得られなければ意味がないからです。

受講を検討する際には、主催団体の情報や講師の経歴などをよく調べてみましょう。ウェブで検索をしたり、ホームページを見たりするだけでも、ある程度の情報を得ることができます。

受講をすることで何らかの特典があるのか、どのようなアフターフォローがあるのか、といったこともあらかじめ確認しておきましょう。

そして、講座の内容が自分の求めているものに一致しているかどうかを冷静に判断してください。

その講座の価値を考えるときのポイントは、受講することで自分が具体的に何を学べるのか、何ができるようになるのか、といったことを想像することです。

何となく良い話を聞いたと思えるとか、前向きな気持ちになれるとか、そういう漠然とした結果に対してお金を払う意味はありません。

しっかり検討した上で受講をする場合には、そこで学べるものはすべて学ぶという貪欲さを持ってください。学んだ内容をあとから復習して知識を定着させるのも忘れないようにしましょう。

本書の中で何度も繰り返していることですが、行政書士は自分自身が経営者であるという意識を持たなければいけません。どんなときにも時間とお金を無駄にしないように細心の注意を払ってください。

著者紹介

遠田　誠貴（とおだ　せいき）

1979年、愛知県名古屋市生まれ。2002年、東京大学文学部卒業。テレビ番組制作会社勤務を経てフリーライターに。お笑い評論家「ラリー遠田」としてテレビ・お笑い関連の取材、執筆、イベント主催など多方面で活動。2016年、法律知識ゼロの状態から99日間の勉強で行政書士試験を受験し、合格を果たす。2017年、行政書士登録。遠田行政書士事務所代表。

主な著書

『最短最速で受かる！　忙しい人のための資格試験勉強法』（税務経理協会）

『99日で受かる！　行政書士試験最短合格術（増補改訂版）』（税務経理協会）

（以下「ラリー遠田」名義）

『お笑い世代論　ドリフから霜降り明星まで』（光文社）

『教養としての平成お笑い史』（ディスカヴァー・トゥエンティワン）

『とんねるずと『めちゃイケ』の終わり〈ポスト平成〉のテレビバラエティ論』（イースト・プレス）

監修者紹介

竹内　豊（たけうち　ゆたか）

1965 年　東京に生まれる
1989 年　中央大学法学部卒，西武百貨店入社
1998 年　行政書士試験合格
2001 年　行政書士登録
2017 年　Yahoo ！ JAPAN から「Yahoo ！ニュース エキスパート」のオーサーに認定される。
テーマ：「家族法で人生を乗り切る。」
現　在　竹内行政書士事務所　代表
行政書士合格者のためのマンツーマン実務家養成講座　主宰
http：//t-yutaka.com/

【主要著書】
『行政書士合格者のための開業準備実践講座（第 4 版）』2024 年，税務経理協会
『そうだったのか！　行政書士』2023 年，税務経理協会
『新訂第 3 版　行政書士のための「遺言・相続」実務家養成講座』2022 年，税務経理協会
『行政書士のための「銀行の相続手続」実務家養成講座』2022 年，税務経理協会
『行政書士のための「高い受任率」と「満足行く報酬」を実現する心得と技』2020 年，税務経理協会
『質問に答えるだけで完成する［穴埋め式］遺言書かんたん作成術』2024 年（予定），日本実業出版社

【監修】
『増補改訂版　99 日で受かる！行政書士最短合格術』2022 年，税務経理協会
『行政書士のための「産廃業」実務家養成講座』2022 年，税務経理協会
『行政書士のための「新しい家族法務」実務家養成講座』2018 年，税務経理協会

行政書士合格者のための
ウェブマーケティング実践講座

2024年2月20日　初版第1刷発行

著　　　者　遠田誠貴
監　　　修　竹内豊
発　行　者　大坪克行
発　行　所　株式会社税務経理協会
〒161-0033東京都新宿区下落合1丁目1番3号
http://www.zeikei.co.jp
03-6304-0505
印刷・製本　株式会社　技秀堂
デ ザ イ ン　グラフィックウェイヴ（カバー）
編　　　集　小林規明

本書についての
ご意見・ご感想はコチラ

http://www.zeikei.co.jp/contact/

ISBN 978-4-419-06975-9　C3034